Koh
Kitayama
Architectural
Works

北山恒の
建築空間

in-between

目次 Contents

4	in-between 厚みのある境界
10	住宅K　K-HOUSE
18	北京第三大使官区設計競技案　BEIJING HOUSING COMPLEX competition
24	住宅TxT　TxT HOUSE
30	下馬の4軒長屋　SHIMOUMA 4 HOUSES
34	船橋のミニ戸建て開発A・B棟　FUNABASHI MINI HOUSING DEVELOPMENT A/R
40	住宅M　M-HOUSE
44	集合住宅20K　20K APARTMENTS
56	円山町のアトリエ付住居　HOUSE IN MARUYAMA-CHO
62	Q-AX
68	洗足の連結住棟　G-FLAT
78	HONG KONG DESIGN INSTITUTE competition
84	クラルハイト　Klarheit
92	鎌倉のスタジオ付住居　HOUSE IN KAMAKURA
96	墨田区北斎館設計競技案　HOKUSAI MUSEUM IN SUMIDA competition
100	dada house
106	祐天寺の連結住棟　YUTENJI APARTMENTS
118	TOKYO METABOLIZING 2010 -第12回ヴェネチア・ビエンナーレ国際建築展日本館- -12th International Architecture Exhibition, Venice Biennale, Japan Pavilion-
128	OTM
132	TOKYO URBAN RING 町屋プロジェクト　MACHIYA PROJECT
136	本町アパートメント　HONMACHI APARTMENTS
142	鎌倉のリノベーション / 音楽ホール付シェアハウス　RENOVATION PROJECT IN KAMAKURA
146	GALA HOUSE
152	釜石市災害復興公営住宅設計競技案　POST-DISASTER PUBLIC HOUSING IN KAMAISHI CITY competition
156	辻堂の住宅　HOUSE IN TSUJIDO
158	モンナカプロジェクト　MONNAKA PROJECT
160	後記　Afterword
162	掲載作品データ　Data on Works
166	作品リスト　Chronology
167	略歴　Profile

in-between 厚みのある境界　　北山 恒

状況から

建築とは社会的な存在である。だから私たちの生きる時代と社会から逃れることはできない。この作品集が扱う2002年から12年ほどの間、私たちは幾度か大きなカタストロフィを経験した。世界では2008年の行き過ぎた市場原理主義経済のクラッシュ。それは返済能力の弱い低所得者に住宅ローンを設定する金融システムが破綻し、回収不能になったことから始まったものである。そして日本では2011年の東日本大震災。巨大津波で大量の家が流される映像を目の当りにした。これらは人々の日常生活を支える住まいという場所を失うということに関わっている。21世紀に入り資本のグローバル化が進行し、それがこれまでの社会秩序や思想体系を揺り動かし、民主主義という政治システムや正当な労働に対する対価という経済システムを狂わせている。それは生活の基盤を支える事柄が壊れ始めていることを示しているようにみえる。社会に大きなインパクトを与えた災害は、この期間に社会に内在していたさまざまな問題群を顕在化させたようである。建築は社会と緊密に接続しているため、社会思想や価値観の変動に大きな影響を受けるのだ。

プライバシーという原理

近代建築の原理として「アーティキュレーション＝分節化」という概念がある。建築のモダニズム運動は20世紀初頭のヨーロッパ社会が生み出したものだが、同時代の言語学者ソシュールは、分節という行為によって無意味な集合から意味あるものを括り出すという概念を示している。その思考と同じように、近代建築では機能によって人間の行為を分節化し、そのまとまりを空間に対応させる方法論がつくられた。パラディオ以降、ヨーロッパでは実体としての建築様式（スタイル）が主題であったから、人間の行為を主題とすることはそれ以前の思考を切断するような革命であった。

近代建築における計画とは、機能ごとにまとまりを抽出し、それに適切な空間の大きさを与え、それらの関係性を図式化し建築の全体像を組み立てることである。それを実際の建築とする場合は、空間を壁によって機能ごとにアーティキュレーションすることになる。そのため、建築の主題は壁の配置となり、空間は切り分けられ、人々は分断されてきた。人は区画された壁の中で他者から見られないというプライバシーの権利を獲得する。「プライベート」とは他者と関係をもてなくする隔離という意味をもつことを注意したい。

近代は空間を切り分けることで、空間の商品化を進めてきた。ホテルという商品化空間は、隣人とは無関係に窓からの景色を売る滞在施設であり、集合住宅はこの商品化空間を長期滞在施設とした不動産商品である。隣人がどんな人間であるかは関係なく、床面積だけで価格が決まるマーケット商品であるためには、互いの空間が無関係であるほどよい。良い商品としての集合住宅は隣人の生活の気配を感じないように工夫されたもので、スチール製のドアを閉めれば窓からは無限遠を眺めるという空間システムとなる。このような商品化空間によって人々は切り分けられ、孤立してきたのではないか。しかし、依然として人は集合して生きている。人と人の関係性をつくることから空間を構想してみよう。建築とは空間を仕切る壁の問題ではなく、空間と空間の「間：in-between」の問題なのだ。

視線

ミッシェル・フーコーは「パノプティコン」という空間形式を紹介している。日本語では一望監視システムと訳される。放射状に配置される監獄を一点から監視できるシステムなのだが、収容されている者同士は互いに見えない。監視者からの視線を受けることが管理の原理である。さらに監視者が不在でも、視線を受ける空間構造そのものが管理というシステムを内在する。人間が見られ、見るという関係をつくる視線の存在を印象づける引用である。人と人との関係性を構造化するうえで視線の役割は大きい。人は目と目が合うとき、敵意がないことを示すために挨拶をする。一度挨拶をした人は互いに認識され、その関係は持続される。互いに認識しあった人たちのネットワークがネイバーフッドという集合を形成する。視線の交差が互いの気配を感じ、他者への気配りを要請するのだ。

建築が人間の関係性をデザインするものとするならば、それは視線をデザインすることである。固い壁を立てて視線の通らない恒常的な分断をするのか、視線の位置を示す開口部をつくるのかによって、空間の関係性は異なる。さらにその開口部の大きさや位置によって、それが見るためなのかあるいは見せるための開口部なのか、意味は異なってくる。見る者の姿を消すことはそこに権力が生まれ、見られる者が定常化することで抑圧の構造が生まれる。恒常的に視線の通る透明なガラスの壁にする場合は、ブラインドなどの二次的な視線制御の装置の使い方によって、その関係性はコントロールされる。伝統的な日本の生活空間では、相互の空間の関係性をつくる「間」は壁ではなく、厚みをもった〈縁側〉や〈玄関〉〈次の間〉といった空間によって調停される。そこに〈障子〉や〈連子〉〈襖〉など可動する壁のような引き戸が設けられることで関係性を調整していた。それは視線を制御できる厚みのある空気のクッションのような空間装

置である。この〈縁側〉のような空間の「間：in-between」を設けることによって、見ることと見られることを複雑にコントロールする可能性が生まれている。

気候帯

海外から戻り飛行機の窓から日本の国土を見ていると、驚くほど豊かな緑に覆われていることに気付く。日本は約70パーセントが森林で覆われる、世界でも有数の緑被率である。この島国の過半は温暖なモンスーン気候帯に属しており、手入れをしない地面は自然に草木で覆われてしまう。世界でも数パーセントの湿潤で温暖な生態系に適合した気候帯なのだ。関東以西の太平洋岸では水が凍る0℃以下になるのも、人間の体温を超える37℃以上になることも、年間を通して数日しかないという人間の生活にも優しい。そのため伝統的な建物は外部空間と内部空間がグラデーションとなって緩やかにつながるような空間形式をもっている。外部に開け放った方が心地良いために、建物は壁ではなく柱梁の軸組構造でつくられ、重層する引き戸によって内部と外部が緩やかに関係付けられる。建物の周囲に十分な外部空間をもつことは、心地よい外気と一体となって住まう自然環境に適した作法なのだ。

都市化の進行の中で建物周囲の外部空間は隙間のように小さくなっているが、そこに庭木を植え、さらに微気候の調整を行い、開口部から光や風を内部に迎える。上空から見ると、日本の住宅地は庭木が植えられ樹木の多いジューシーなスポンジのようだ。戸建ての建物が粒子のように建ち並ぶポーラスな都市組織の構造は、土地所有と一敷地一建物という社会制度がつくり出しているが、一方で温帯モンスーン気候という自然環境に適合したものでもあるのだ。こ

の隙間の多い、豊かなボイド・ネットワークをもった都市構造は、新たな視点で評価することができる。

近代以前、空間の監理が進行する前は、戸外生活を楽しむ外部空間が都市内にふんだんに用意されていた。さらに、自動車の通らない界隈の路地は、都市内に網の目のように張り巡らされ、人々の生活に密着したものであった。外部空間は所有があいまいなので、誰もが侵入可能な入会地や公界として扱われ、そこでは人々のさまざまな出会いが存在していた。

空間の所有と外部空間

18世紀半ばに作成された「ノリの地図」はローマの街が白と黒の塗り分けで表される。この地図は建物の外形ではなく、人々が自由に侵入できる場所を白で表し、それ以外は黒く塗られている。教会などは人々に開かれているので建物の内部空間であっても白く表現されている。黒い部分は個人の所有する空間なので外からは覗うことができない。この地図を見るとパブリックスペースという概念が明確に存在していたことがわかる。自動車が存在しない時代なので、車の走行に便利な直線的な幅員の広い道ではなく、人間のための街路で都市が構成されている。迷路のような道路パターンは、歩行速度で経験する空間として認識しやすい言語性をもっており、小さな広場などに分節され、それぞれの意味が与えられている。

俯瞰すると、白の部分と黒の部分の面積はほぼ同じ分量で、それぞれが複雑に交錯しながら混在する。この都市パターンを眺めていると図と地は容易に反転し、都市を経験する主体はパブリックスペースに絶えず接続することができる。それは親密な都市共同体を支える空間組成であるのかもしれない。

ところで、日本の都市はノリの描くような都市図は描けない。日本の都市は独立する建築物の集合として構成されているため、建物のグレイン（粒）を示すドットのような図となる。各建物が周りに隙間のような空地をもつので、都市全体では大量の白の空間が存在するのだが、それらは私的に所有されているため都市に開かれた場ではない。パブリックスペースと私有地というノリが描く白黒の地図では表せない。槇文彦は、このあいまいな空間を「奥」という概念で表現しているが、これをグレーの空間とすれば、西欧の概念であるパブリックとプライベートという二項関係を乗り越える第三項の空間が見えてくる。これを意識化することによって、新しい都市概念が生まれる可能性が見えてくるのだ。

パブリックスペース

2010年のヴェネチア・ビエンナーレの日本館の外壁に「都市のパブリックスペースは人々を抑圧する権力装置である（Urban public spaces are authoritarian devices for suppressing people）」と書いた。この文章はオープン直前に事務局から問題視され、文字を消去するように要請されたのだが、最終的に"Urban public spaces"を括弧で括り、一般的な意味ではないとすることで残されることになった。

パリは権力が人々を管理するために造られた都市だ。と言っても、ほとんどの人は首肯しない。ヴェネチア・ビエンナーレでは、パリの航空写真に王権の支配する都市というような意味を込めて「City of Monarchism」というタイトルをつけて展示した。実際、現在のパリは、ナポレオン三世の帝政期に行政官のオスマンによって、19世紀半ばから20年間ほどで一気につくられている。それ以前のパリは迷路のような小路で

構成されており、劣悪な環境で生活していた都市労働者たちの内乱が頻発していた。それを鎮圧するために、ブールバールと呼ぶ大通りによって、まるでケーキを切り分けるように密実な都市街区を切り開き、その切断面にオスマンファサードという都市立面（アーバンファサード）を貼り付けたのである。自動車がない時代にしては幅員の広いこのブールバールは、内乱を鎮圧する部隊が迅速に移動のための空間であった。つまり都市内に放射状に設けられる道路パターンによって一望監視システムの監理都市が誕生しているのだ。

権力の支配する空間が都市内に挿入されることで、人々は管理されるパブリックスペースという概念を教育されたことであろう。オスマンファサードという壁の内側と外側では、人々の態度や行動は異なっていたのではないか。オスマンファサードの外側の空間では人々は公人となり自らを律し互いの視線を気に掛けることが要請される。日本にはこのような空間は存在しない。パリの街並みは世界の人々が憧れる都市風景であるが、強大な権力が人々を支配しようとする抑圧装置であったのではないかと考えている。人の力の及ばない巨大な力を感じるとき人々は崇高な感動を覚える。パリはそのような卓越した唯一性の都市なのである。

美学という権力

建築とは人の手でつくられる人為的な空間であり、人はその中に身体を入れることができる。自らの身体との比較で空間の大きさを計測し、身体スケールを超えた空間に畏怖を感じたり感動したりする。開口部からの制御された光によって敬虔な気持ちを抱いたり、さらに建築を構成する素材の硬さや肌触りによって緊張したり安らいだりという感覚を身体的に感じる。建築（というより空間）は言語以前の身体的メディアである。ハンナ・アーレントは建築を含む人為的事物によって人間は定位されていると観測しているが、実際、建築という人為的空間によって人々は集まり住むことの意味を確認したり、集団の中で自律した個人を認識したりできるのだ。王権や宗教は、建築というメディアによって目には見えない権力を実在しているように提示してきた。建築は権威を表象することも、民主的で自由であることも伝達することもできるのだ。20世紀初頭のモダニズムという建築運動は、その実体的な象徴性を建築から切り離し、王権や宗教などの権力を無効にする新しい建築をつくった。機能という透明な概念で構築される建築が生み出されたのだ。と同時に、20世紀に展開する写真メディアによって建築は身体から切り離された象徴的メディアとしての価値が付与されてくる。20世紀の建築は、シンボルであることとシンボルを遠ざけることの両方の力によって引き裂かれているように思える。この時代に登場する建築理論はすべてこのテーマを扱っており、その影響の大小に関わらず建築家たちはこの言説に振り回されている。いずれにせよ建築は表象の構造からは逃れられないのであろう。シンボルとの抗争は永遠に続く。そして眼の欲望を失うとき身体をもつ人間のための建築が現れるのだ。

弱い力による空間の更新

人はその日常の中で生活する空間に拘束されている。たとえばパリで思索する者はその都市空間の抑圧を常態として知覚する。だから、その空間の拘束からの離脱が試みられるのだ。コルビュジエの「近代建築の五原則」はこの陰鬱なオスマンファサードを解体する設計図のように読み取れ、そして、パリ市街の西半分を破壊する「ヴォワザン計画」にまでたどり着く。

それに対して東京という都市は100年のうちに〈関東大震災〉〈東京空襲〉〈高度成長期〉という徹底的な都市破壊を経験した。さらに1960年代の〈高度成長期〉から続く経済活動にともなう暫時的な更新は今も継続しており、東京の建物の平均寿命は26年である。人間の生命スパンより短い物質環境の変化の中にいる私たちの空間の思考はそれとは異なる。この都市で生活する者は世界に永久不変のものが存在することなどないという無常観を先験的に与えられているのだ。建築という表現形式は社会との関係性の中で存在し、社会を規定する権力も移ろい、絶対的な力の存在はない。

現在、世界の都市は経済活動のために再編され、都市の中心部はどこでも同じ構成のジェネリックな都市となっている。しかし、東京のような絶え間なく生成変化する都市形成のコンテクストの中では固定化された状況は絶えず乗り越えられている。そこでは資本の要求するシンボルが集積する都市中心部であるよりは、日常生活という弱い力に満たされている都市組成（アーバンティッシュ）の中にダイナミックな「第三空間」が生産されている。

それは多様な関係性を生む創造的な空間である。建築の中に新しい都市の回路を設ける試み（Q-AX）や、どこにでもある住宅地のブロック塀を移動することで生まれる第三項の空間（dada house）、住戸間の複雑な視線の交差を細やかに検討し、それを周辺の建物との関係性まで展開するもの（集合住宅20K、祐天寺の連結住棟）など、制度化された都市空間の中に新しい空間を挿入する試みを続けている。

このような活動の先に、未来に開放される建築そして都市の可能性がある、と考えている。

in-between   Koh Kitayama

Situation

Architecture is by its very nature social. It cannot escape the times and society in which we live.

In the twelve-year period starting from 2002 covered by this book, we experienced a number of major catastrophes. On a global scale, there was the 2008 financial crisis caused by the excesses of an economy based on market principles. It began when a financial system providing housing loans to low-income people with little ability to repay the loans collapsed, making their recovery impossible. In Japan, there was the Great East Japan Earthquake of 2011. We saw house after house washed away by enormous tsunami. Both disasters meant the loss of homes--places that are centers of everyday life. In the twenty-first century, the increased globalization of capital has shaken up the existing social order and ideas. It is undermining a political system based on democracy and an economic system based on the idea of fair remuneration for labor. The foundation on which everyday life rests appears to be breaking down. The disasters that had such an impact on society have made apparent diverse problems inherent in society. Changes in social ideas or values can greatly influence architecture because architecture and society are so closely connected.

Privacy

Privacy is a principle of modern architecture. For that reason, walls that articulate spaces have been a theme of architectural planning. Such walls separate people.

If the establishment of relationships between people becomes the starting point for the conception of space, architecture becomes a question, not of walls articulating spaces, but of what is in-between spaces.

Sightlines

Sightlines structure relationships between people. The intersection of sightlines makes people aware of each other and prompts them to show consideration for others. To design a human relationship is to design sightlines.

Autonomous, interstitial spaces such as verandas (engawa) exist in traditional Japanese architecture. Such spaces make it possible to control in complex ways the acts of seeing and being seen.

Climate Zone

Much of Japan is in a mild, monsoon climate zone, and any ground surface that is not constantly tended soon becomes covered with vegetation. Outdoor spaces are pleasant because the climate does not restrict human activity. For that reason, spaces that gradually connect indoor spaces and outdoor spaces in stages have developed in traditional buildings.

Ownership and the Outdoors

In the premodern era, before the management of space became highly developed, many outdoor spaces where people could enjoy outdoor life were provided inside cities and were integral parts of people's everyday lives. Ownership of those outdoor spaces was ambiguous; they were shared places that everyone was allowed to enter. Chance encounters took place there. Such spaces of ambiguous ownership represent a third category of space that transcends the Western dualism of public space versus private space.

Public Spaces

The urban spaces of Paris were all created in a period of approximately 20 years starting from the middle of the nineteenth century by Haussmann, a prefect working under the direction of Napoleon III. The boulevards were public spaces administered by authority. Those spaces in essence required people to work for the state; i.e. to regulate themselves and to watch over each other. Such spaces do not exist in Japan.

Aesthetics

In the twentieth century, an architecture based on a transparent concept called function came into being. At the same time, photography gave to architecture value as a symbolic medium detached from the human body. Contemporary architecture is thus torn between two opposing forces, that which would render it a symbol and that which distances it from symbolism.

Architecture cannot escape from a symbolic structure. It will always struggle with symbolism. An architecture for corporeal human beings comes into being when the desire to please merely the eye is lost.

Weak Forces

Today, cities throughout the world are being reorganized for the purposes of economic activity and their central districts are becoming similar and generic in character. Tokyo has always been in a state of flux and managed to avoid becoming fixed. It is not in the central district where the symbols demanded by capital are concentrated but the 'urban tissue' pervaded by the weak forces of everyday life that a dynamic third space is being generated. That is where one senses the potential of the architecture and the city of the future.

2002 10
K-HOUSE

住宅K
素材に還元した都市住宅

「予算は設計料も含めて2000万円、40坪程度のコンクリートの住宅」なんてできるはずがないと思いながら仕事を受けた。木造ならば可能だと考えたが、思いの他よい地盤であったこと、この地域は不燃化促進区域で建物高さ7m以上の耐火建築物に補助金がでるので、無理は承知でRCでの検討を始めた。まずはRCの躯体コストを限界まで下げなければ実現は困難だと考え、施主の要望を聞く前に躯体の設計に着手した。リブ付き壁式構造という構造形式としたが、平面は2軸対象で構造壁を均等配置し、等分布荷重となるように床壁の開口のルールを決めた。安定した構造形式なので鉄筋量が劇的に少なくてすむ。型枠はニロク（2尺x6尺）の普通ベニア型枠を縦使いとし、壁一面を工場で製作したものをトラックで運べる寸法とした。4層ほぼ同一の壁なので型枠は4層分転用することにした。コスト制約が厳しいこともあって構造躯体は法的、構造施行の要件などによってクリティカルに決まっている。このスケルトンモデルの中で住まい手に生活のイメージをつくってもらった。内部空間はガランとした自由な空間である。住まい手自身が住まい方を決める。設計を進める手続きの中で、住まい手はゲームのようにプロセスに参加できた。この建築は東京という都市に置く小さなスケルトンモデルである。余剰なものをすべて剥ぎ落すことで、住まい手の多様なニーズを引き受けることのできる「プロトタイプ」としての住宅であると考えた。

In the case of trying to make a low-cost house using a reinforced concrete structure, we always begin by examining a structural organization of load-bearing walls that incorporate ribs. The structural walls were evenly arranged in plan so as to give biaxial symmetry, and rules were determined for the openings in the floors and walls so as to give a uniformly distributed weight. Explaining only these rules for the openings, the bookshelf-like skeleton model was handed to the residents, within which they made images of their lifestyle. The inhabitants were thereby able to participate in the design process as if it were a game.

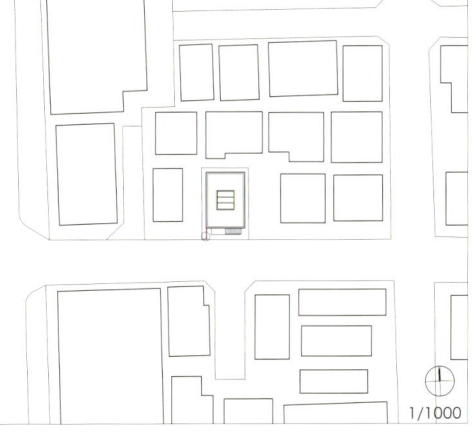

1/1000

2002 10
K-HOUSE

3階インナーテラスを見下ろす

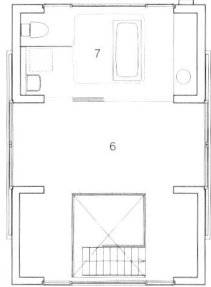

3F

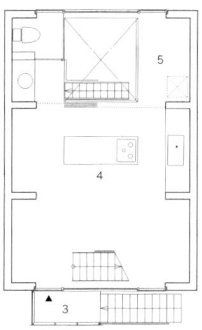

2F

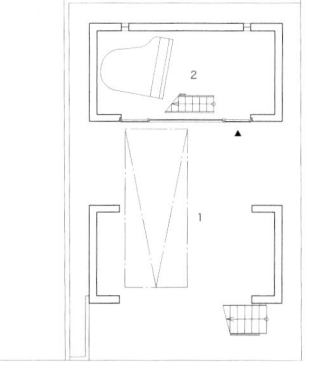

1F

1. 車庫
2. ピアノ室
3. エントランス
4. ダイニングキッチン
5. 倉庫
6. インナーテラス
7. バスルーム

PLAN 1/200

2002 10
K-HOUSE

2

3

4

5

1~5 即物的ディテール

2002 10
K-HOUSE

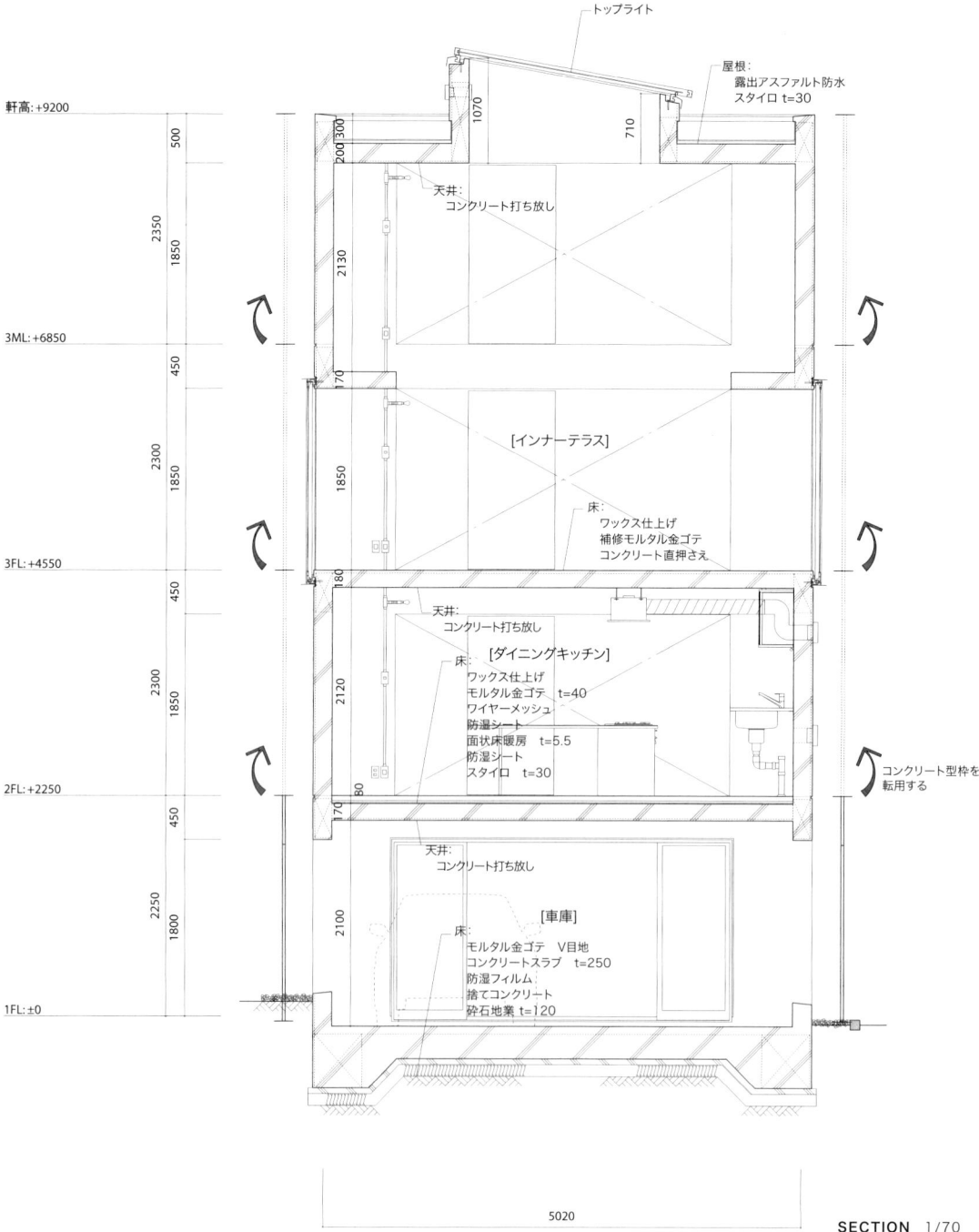

SECTION 1/70

3階インナーテラスに面してバスタブが置かれる

2003 02

BEIJING HOUSING COMPLEX competition

北京第三大使官区設計競技案
異なる領域を「分けてつなぐ」空間

中国外務省による北京在住外交官のための集合住宅設計競技案、山本理顕氏との共同設計である。当時、北京は2008年のオリンピックに向けて都市の大改造が行われており、都市全体が壮大な工事現場のようであった。19世紀後半のオスマンのパリ大改造の頃のパリもこのような状況であったのだろうと思った。四合院などの伝統的な街並みが大規模に壊され、その跡の荒地のような空地があちこちで造成され、新しい高層のアパート群へ建て替えられていた。高層アパート群は周囲を塀で囲い守衛の付いたゲーテッド・タウンとして計画され、既存の街とは切断されている。

提案した案は地表階（1,2階）を開かれた商業施設のある公的空間とし、3階レベルの中間層にゲート機能をもつフロアを設け、その屋上を空中庭園とした。この中間層より上層を外交官のための住居としている。公共空間と私的空間の間にある中間層は、4階以上の住棟と1,2階の商業施設をセキュリティ上分離する機能をもっている。地表階を人民に開放するというこのアイデアは中国当局には受け入れられなかったが、このときに提案したこの異なる領域を「分けてつなぐ」空間という概念はこの後何度も私の計画に登場する。建築というメディアが社会の中に働く重要な役割である。建築は社会に存在する行為のまとまりを分節して意味付けし、その関係性を調停する働きをもつものなのだ。

This is our submission to a design competition for a housing complex for diplomats living in Beijing, commissioned by the Chinese Ministry of Foreign Affairs. It was designed in collaboration with Riken Yamamoto. The third level is a single-level plate approximately 140m-square in plan, inside which a club for the use of the residents, with a sky garden on the roof surface. The levels above this plate are dwellings and outdoor facilities for the diplomats, and the levels below are commercial establishments open to people from outside. This plate also has a security function, dividing the commercial establishments on the first and second levels from the residential section on the fourth level and upwards.

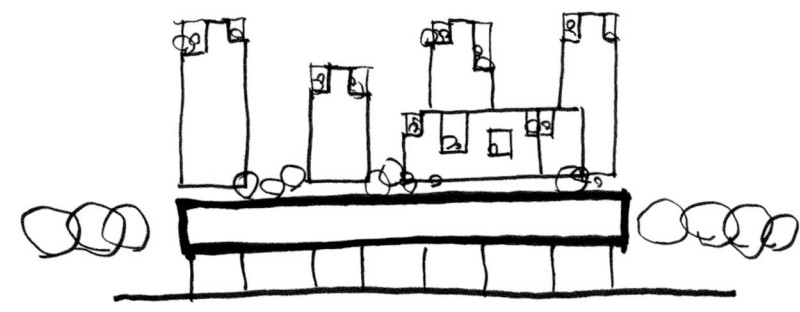

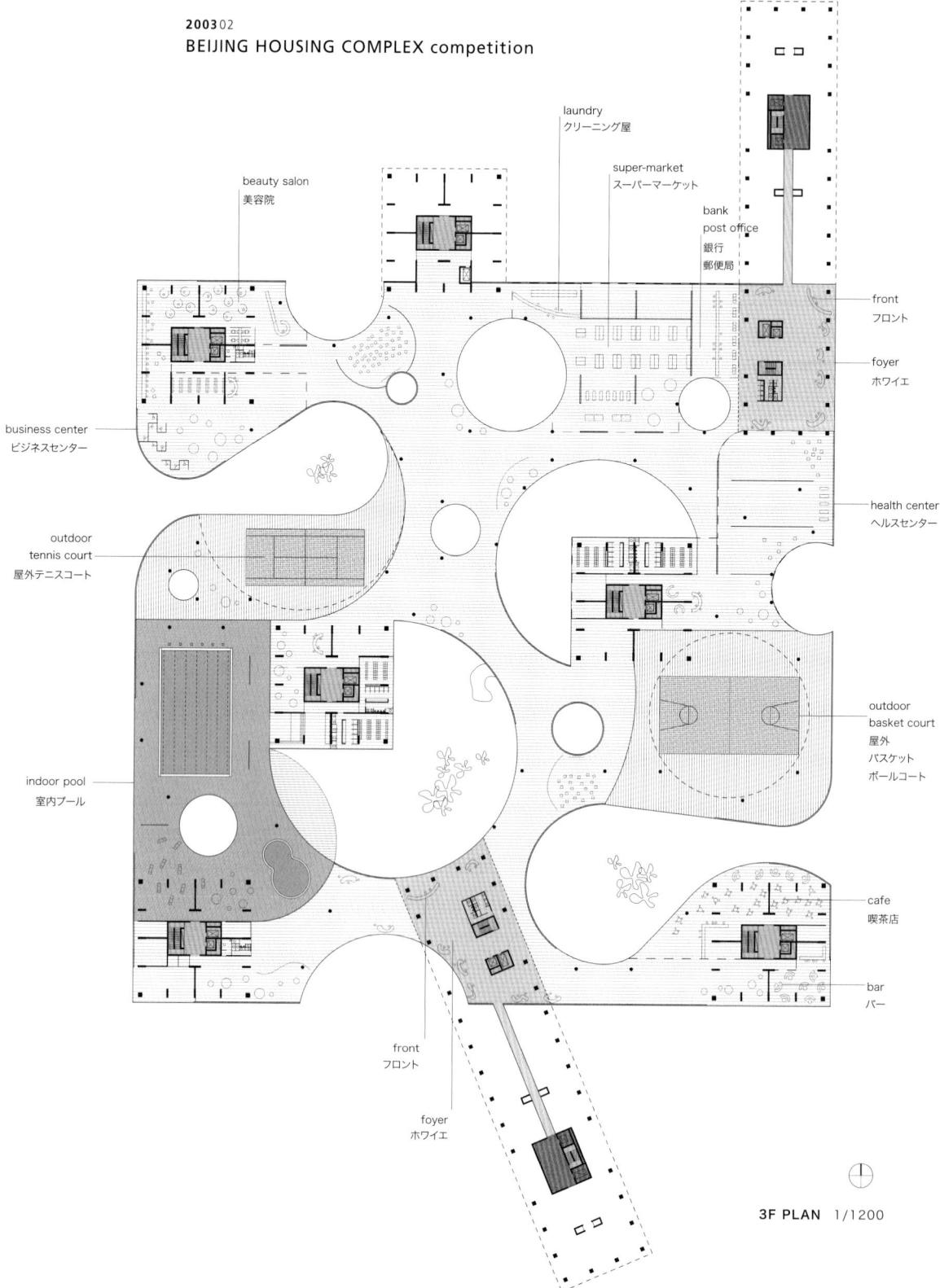

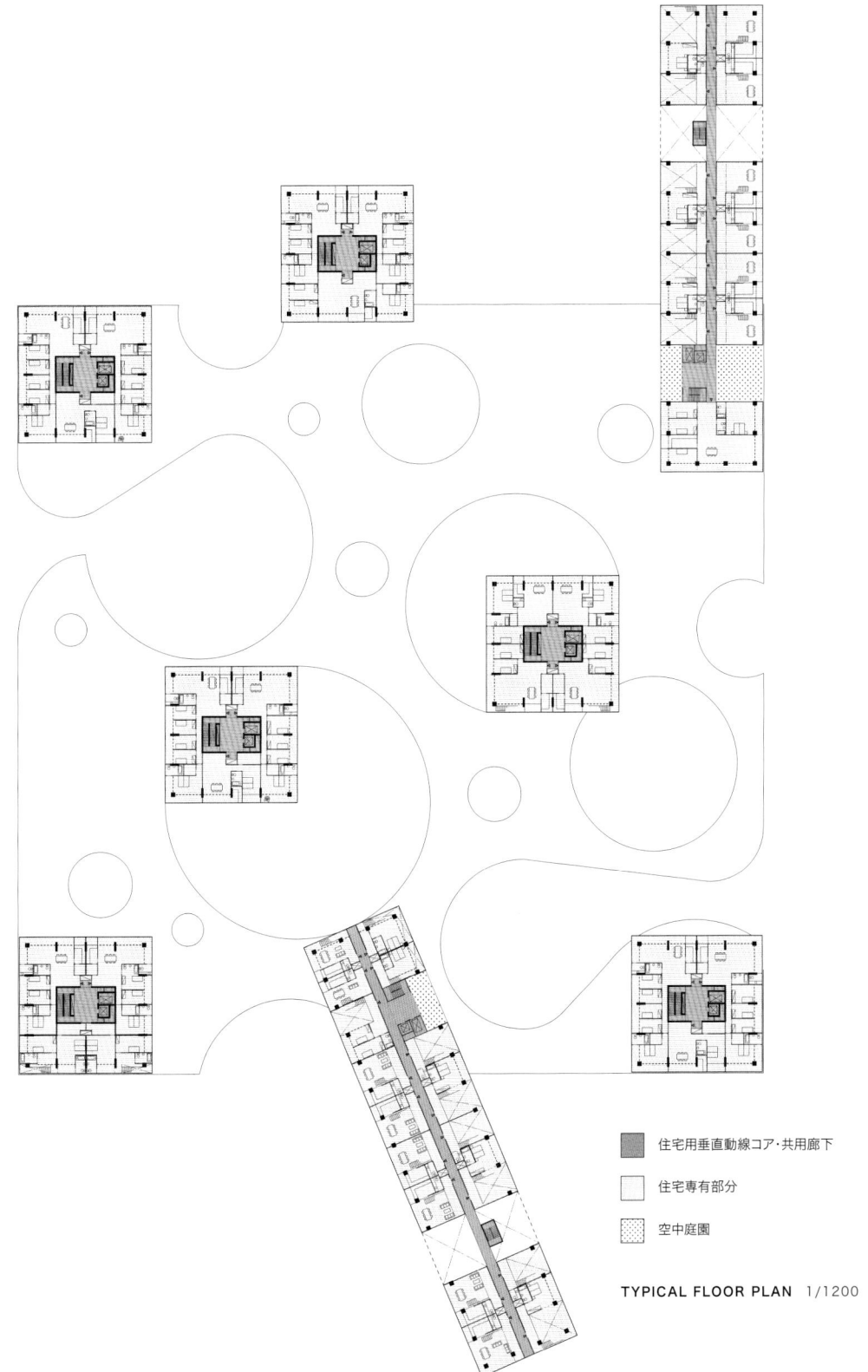

TYPICAL FLOOR PLAN 1/1200

2003 02
BEIJING HOUSING COMPLEX competition

3階の中間層により下層の商業施設と上層の住棟が分かれている

住宅TxT
音楽ホールを内蔵する住宅

計画地は都内の静かな住宅地にあるが、敷地を切り取るように隣接して線路が走っている。敷地に正対して西側にまっすぐに延びる道路と東側に延びる線路敷きがあり、思いがけない長いビスタを得られることがわかる。このビスタラインを守るように、門型の壁床ラーメンの構造体をこの敷地に置くことを決めた。

住まい手は夫婦と子どもが一人。音楽を中心としたパーティや小さなコンサートが催される。来客の多い生活を楽しむために、住戸内でパブリックスペースとプライベートスペースを明快に分けることが要望された。そして、このパブリックスペースは靴履きのまま使われる。

そこで、下層の2フロアをエントランスからつながる小さなコンサートホールのような空間組成とすることにした。エントランス横には楽屋のように使えるスタディルーム、半階上ったところにピアノが置かれる。さらに、客席となるような大きな階段を上るとリビング、ダイニングキッチンとなるフロア。パブリックスペースはいくつかのレベルに分かれているが、すべてが見渡せる一室空間である。角度の振れた2枚の壁でつくられるこの空間は、上部に音響のために空間量を大きくするフライタワーのような吹き抜けが設けられ、楽器を鳴らすと室内全体が共鳴箱のような働きをする。このパブリックスペースの中央に螺旋階段が設けられており、プライベートスペースにつながる。プライベートスペースはバスルームとロフトをもった2室が用意されている。さらにこの螺旋階段は屋上に至り、そこに大きなハッチが設けられ上昇の動作は天空へとつながる。

Although the site is in an exclusive residential district of the Tokyo metropolitan area, a railway track passes adjacent to the east side. The site is balanced by a road extending straight along the west side, and so in order to preserve the long vista we decided to place on the site a gate-shaped structural frame of walls and floors. It incorporates a small hall-like space for piano performances by the wife, who is a musician.

道路の突当りに見えるファサード

2003 02
T×T HOUSE

中2階のホールを見る.2枚の壁の間が抜けている

2003 02
T×T HOUSE

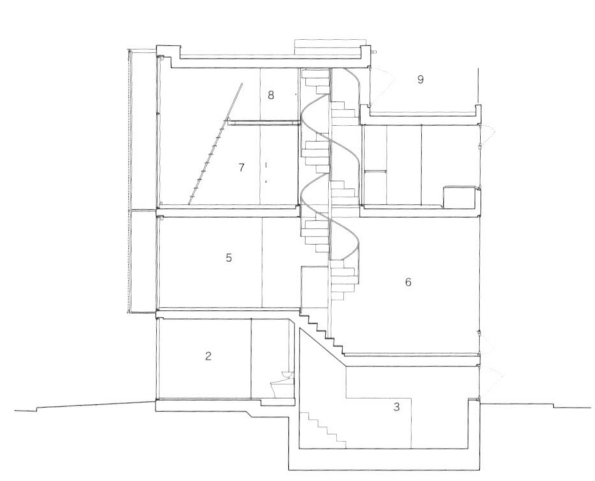

SECTION 1/200

1. エントランス
2. 書斎
3. 倉庫
4. ダイニング
5. リビング
6. ホール
7. 個室
8. ロフト
9. 屋上テラス

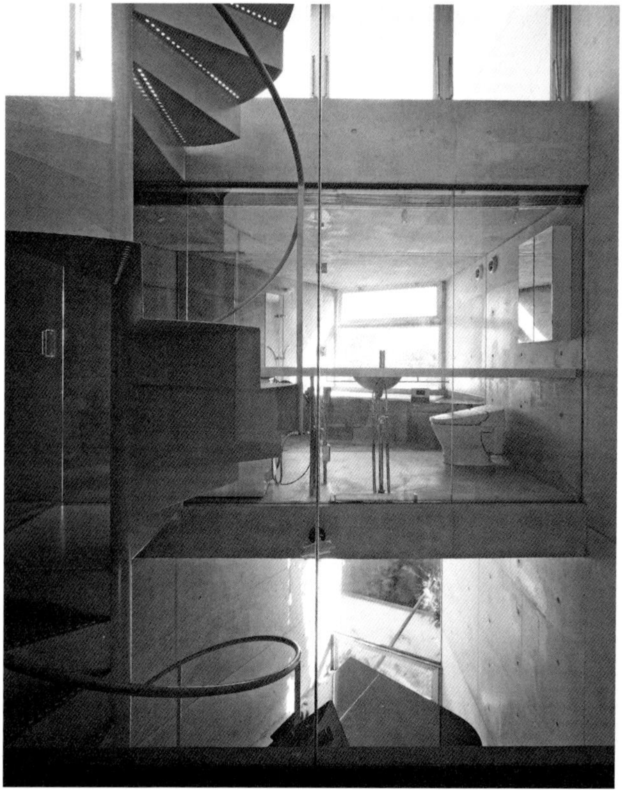

フライタワーのような吹き抜けを通してバスルーム、屋上へとつながる

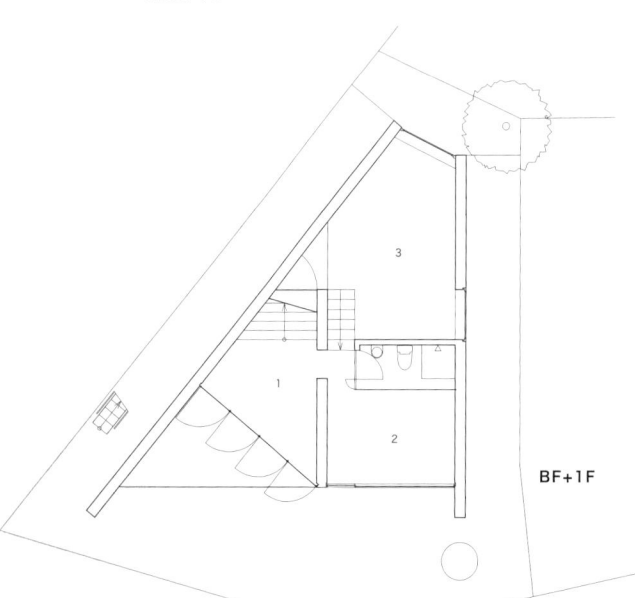

BF+1F

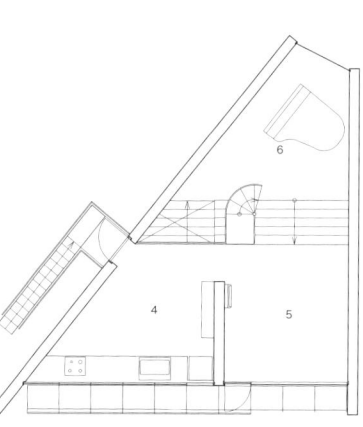

M2F+2F

屋上.2枚の壁の間からガラス越しに線路を望む

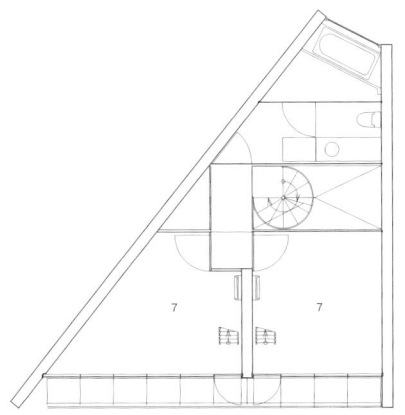

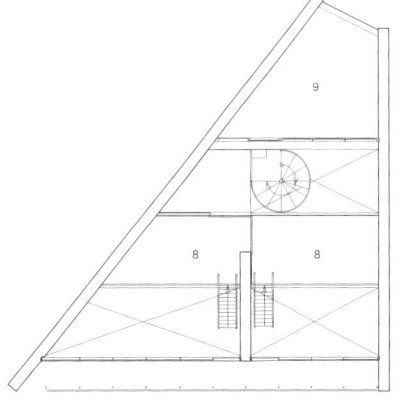

3F　　　　PHF

PLAN 1/200

27

2003 02
T×T HOUSE

ホールからリビング,ダイニングキッチンを見る

2003 03
SHIMOUMA 4 HOUSES

下馬の4軒長屋
合意形成を誘導するダイアグラム

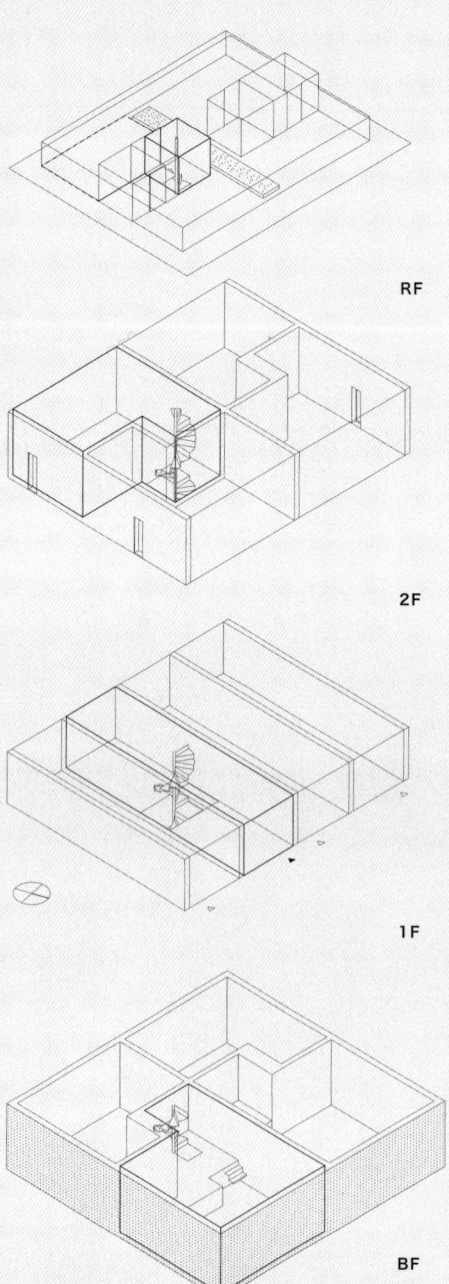

RF
2F
1F
BF

4軒のコーポラティブハウスである。コーポラティブ方式の集合住宅の供給は急速に社会で承認されてきているが、当時はまだ一般的ではなかった。マンション業者が参入しない不良宅地を安価で購入し、設計者の能力で付加価値のある豊かな空間につくりあげるという事業モデルである。敷地は東京の山の手にある良好な住宅地の一角にあるのだが、旗竿敷地なので建築基準法上長屋形式としなければ集合住宅は建てられない。そこで、長方形平面をグランドレベルでは短冊形、地階・2階レベルでは田の字型に4分割したものを、それぞれ一つずつ組み合わせて1ユニットとした。回転するクロスメゾネットという空間形式を開発した、入口は短冊で各戸分かれているが屋上では共有の屋上菜園が楽しめるという共同体である。同じ空間構造の4ユニットは方位により微妙に性格の異なる空間構成となっているが、できるだけ4軒が平等な空間配分となるようにしている。このプロジェクトは敷地を購入する前に簡単な設計を行い、その図面をネット上に流して入居者を公募するシステムである。そのため、短期間に法的なチェックをし、ヴォリュームスタディを行う必要がある。数学の論証問題を解くように、抽象度の高い空間ダイアグラムを検討した。美学的なことや恣意的な事柄を排除することで、多様な人格が計画に参加することが可能となる。この空間ダイアグラムが民主的な手続きを行う道具となって新しい共同体の合意形成を誘導した。

The site is in a corner of a residential area made up of densely mixed houses and apartments, slightly outside the center of Tokyo. It is a rectangular site with a narrow access way. The rectangular plan is divided in four parts on each level -into oblong forms on the ground level and into 2x2 grids in the basement and on the second floor. The various parts are combined one by one into individual units. Although the four units have the same spatial structure, the spatial composition of each one has a subtly different character depending on its orientation. Return ducts using reversible fans were provided in the stairwells positioned at the center of each parts, to control the flow of heat and air from the basement to the top floor.

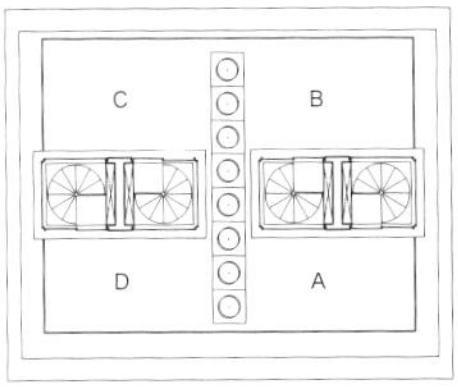

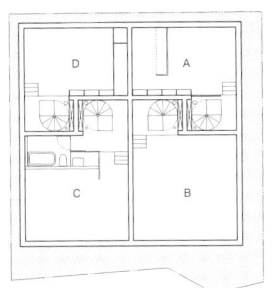

RF

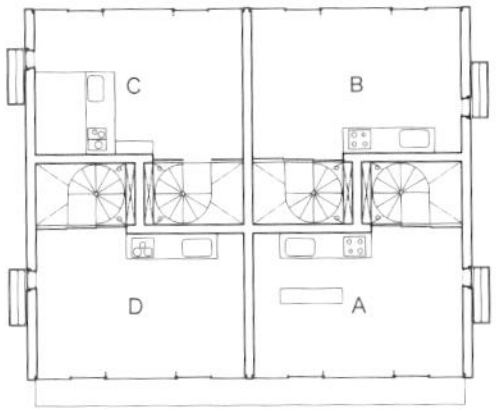

2F

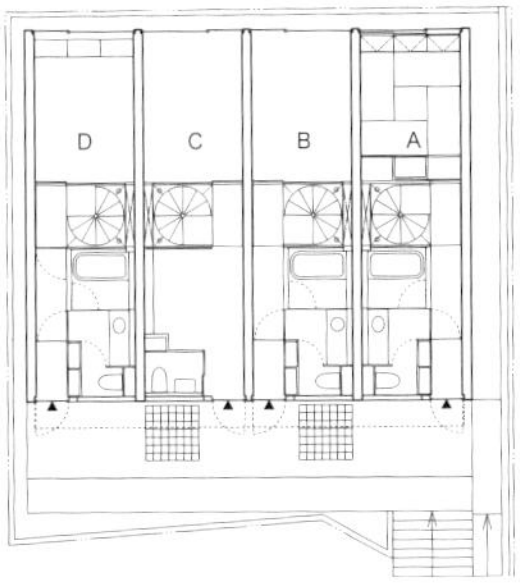

1F

BF

PLAN 1/400

1/1000

北側ファサード

31

2003 03
SHIMOUMA 4 HOUSES

前面道路から見る.右側の建物は2002年に竣工した"下馬の連続住居"

1階バスルームから階段室を通して南側居室を見る

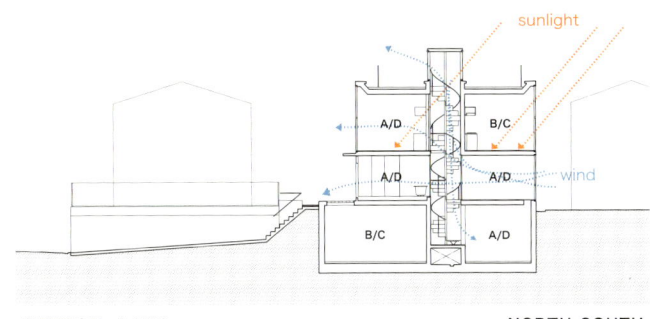

SECTION 1/400   NORTH-SOUTH

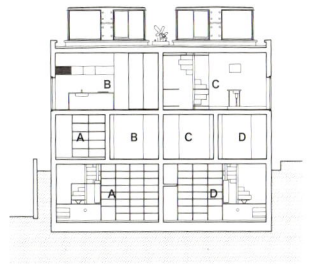

WEST-EAST

2003 12
FUNABASHI MINI HOUSING DEVELOPMENT A/B

鳥瞰.線路沿いの住宅密集地に位置する

1/1000

船橋のミニ戸建て開発 A・B棟

土木資材でつくるパブリックなピロティ

150坪ほどの一宅地を、「つっこみ道路」を入れて五つに区画して「建て売り住宅」をつくるといういわゆる「ミニ開発」である。5区画のうちの2区画を私たちが担当した。5区画の敷地境界を消し、「つっこみ道路」も含めたパブリックな公園の中に点在する小さな建物群というイメージからスタートした。細分化されるボリュームを、光や風の抜ける隙間の多いポーラスな集合形式と考えた。通常は私有化され生活の滲み出しによって占拠される建物周囲の隙間をパブリックな空間にすれば、抜けの多い公園的な空間となるように思えた。

「建て売り住宅」に要求される厳しいコスト管理と短い工期から、「4個のL形擁壁」と「木製のボックス」と「空中パティオ」という構成のルールを決め、2棟のバリエーションを完成させた。1階部分を既製品の土木用L形擁壁を用いたピロティとし、生活に対応する空間を4個のL形擁壁によって持ち上げられた木製のボックスの中に収容し、そのボックスの中央にはボックス内の気候環境を整えるために、空中パティオのような外部空間が組み込まれる。1階のピロティの部分は玄関のタタキや農家の土間のようにパブリックに属するものとしている。

This is a so-called "mini-development" of ready-built houses, comprising a single housing lot of about 150 tsubo (450 square meters) divided into five lots by an access road. Among the five lots, Satoko Shinohara took charge of two lots, and we took charge of two lots. Erasing the site boundaries, we started with the image of a group of small buildings scattered throughout a public park, including the access road. Due to the severe cost control and short construction period required by ready-built houses, we decided on compositional rules of "four L-shaped precast concrete walls," "wooden box," and "patio in the air". Two variations have been completed.

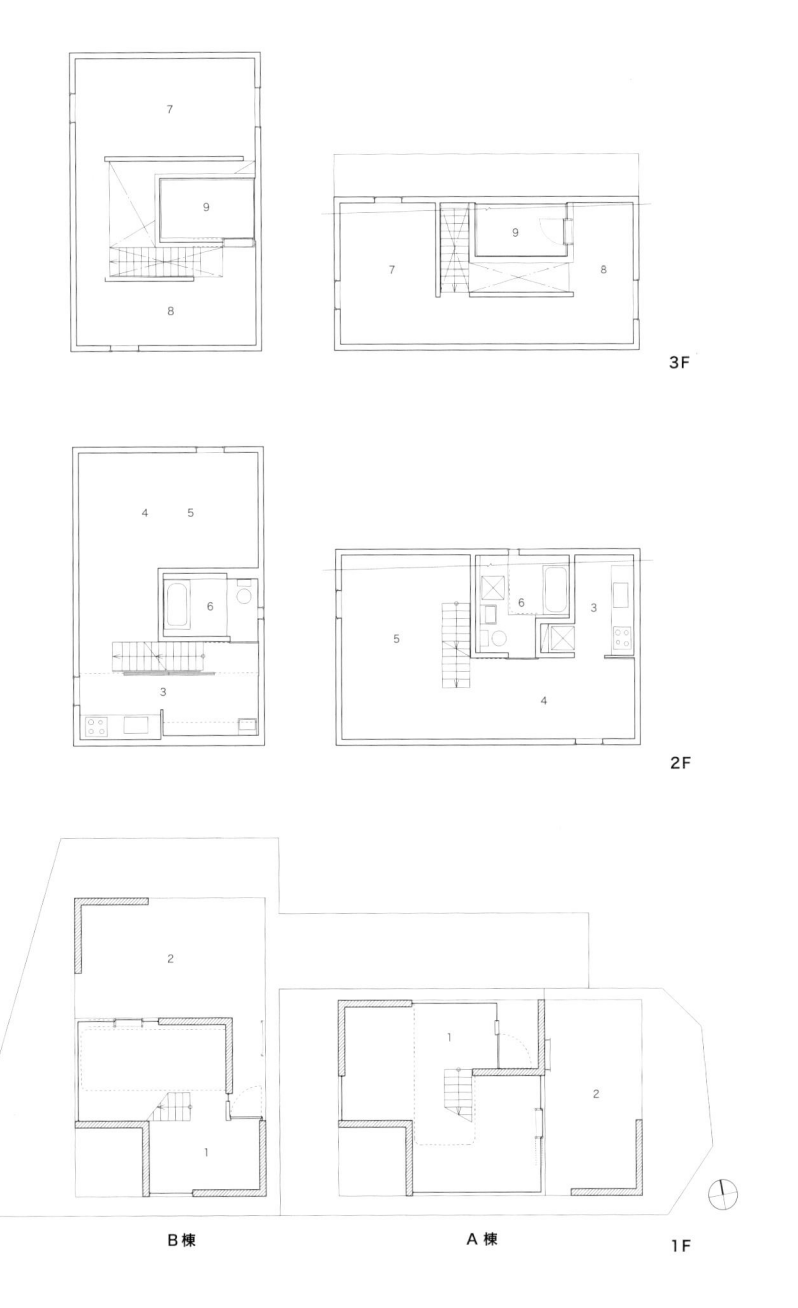

3F

2F

B棟　　A棟　　1F

1. エントランス
2. ピロティ(車庫)
3. キッチン
4. ダイニング
5. リビング
6. バスルーム
7. 寝室1
8. 寝室2
9. テラス

PLAN 1/200

2003 12
FUNABASHI MINI HOUSING DEVELOPMENT A/B

1. 北側から見る。左がA棟、右がB棟。L型擁壁で1階をつくり、このL型擁壁を土台として木造2階建てを載せている。

2. 現場に設置されたL型擁壁。L型擁壁を4個置くだけでピロティのような1階をつくっている。L型擁壁は崖地や宅地造成に使用される工場製作の土木資材である。ここでは建築部品とするためにガラス枠となる目地や構造定着のためのインサートを工場で加工している。工場制作のため品質が安定しており、現場工期を短縮することができる。

A棟1階内観

2003.12
FUNABASHI MINI HOUSING
DEVELOPMENT A/B

B棟「木製のボックス」内観.「空中パティオ」(屋外テラス) が挿入されている

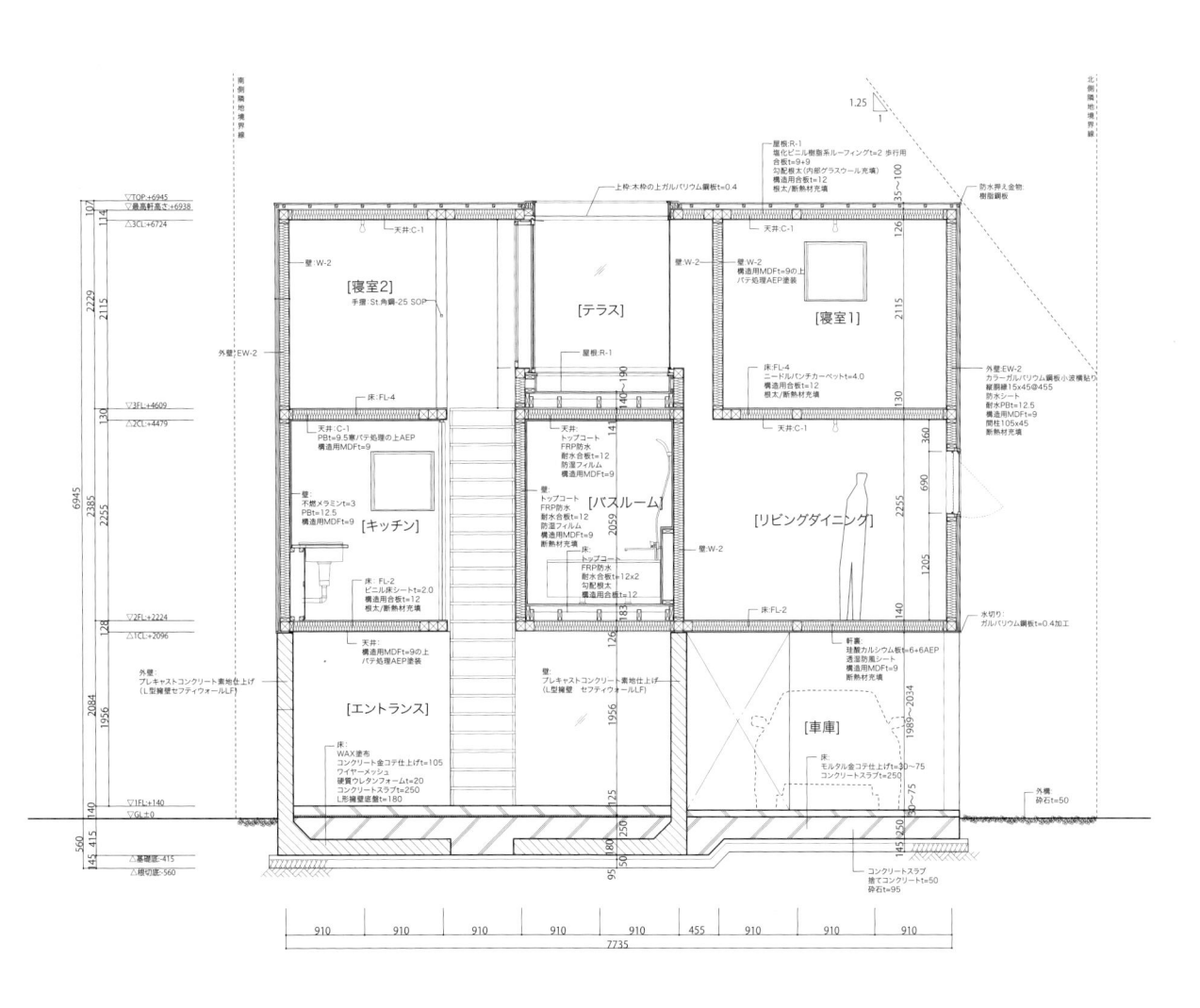

B棟 SECTION　1/80

2004 02
M-HOUSE

南棟西側ファサード

1F	2F	3F
1. エントランス	7. 和室	15. 主寝室
2. 防音室	8. 寝室	16. 主寝室ラウンジ
3. リビング	9. コート	17. 個室
4. ダイニング	10. テラス	18. ウォークインクロゼット
5. ライトコート	11. ギャラリー	19. ブリッジ
6. オフィス	12. キッチン	20. ルーフテラス
	13. ランドリー	21. ルーフガーデン
	ユーティリティ室	22. エレベーター
	14. ラウンジ	

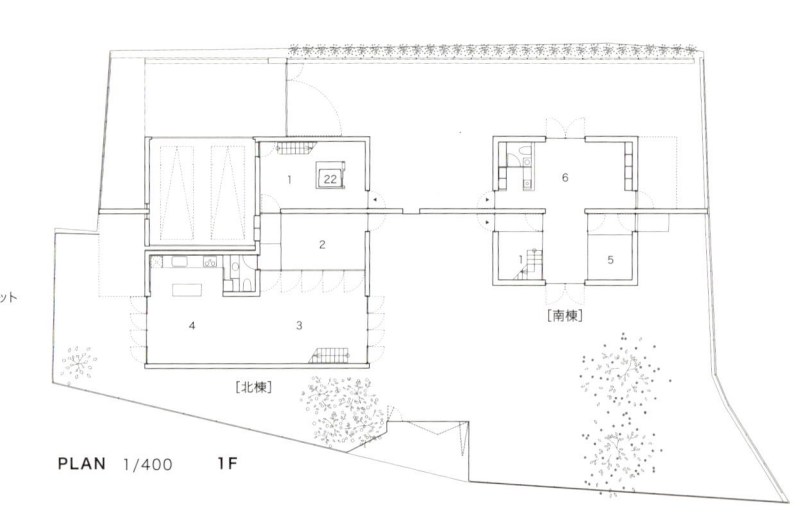

[北棟] [南棟]

PLAN 1/400　1F

住宅M
開かれた空間形式／閉じた空間形式

敷地は南面に大きく開けた高台の頂にある。この住宅は親子の二世帯住宅なのだが、それぞれが完結した二つの住宅をブリッジで接続するという形式でできている。通常、二つの家族に対応する二世帯住宅であるならば、二つの生活をどのように関係付けるのか、二つの異なる生活の共有と切断をさまざまに検討するということが主題になると考えていた。しかし、ここでは互いが完全に自立した住居とすることが要請され、しかもそれぞれの生活の様態は異なるため、二つの異なる住居が並列することになった。クライアントとの打合せの中で何となくつかんだ、親世帯と子ども世帯の生活の差異を空間ダイアグラムに落とし、それをそのまま直接的に建築に置き換えるという操作を行った。北棟(親世帯)は外部にはほとんど開口をもたず、中央の中庭を外部空間として抱え込んだ空間形式、南棟(子ども世帯)は外周に外部に開放された縁側のような空間をもつ空間形式、この二つの異なるダイアグラムを建築に置き換えた。

中庭を抱え込む閉じた空間形式の住居は世界中で類型を見ることができるが、周囲に開放された緩衝領域をもつ開放性の高い空間形式の住居は日本に特徴的なものである。身体に優しい温帯モンスーン気候であることや外部に対して無防備でいられる社会環境がこのような空間形式を担保している。この開かれた空間形式では、伝統的な住居には当たり前のようにあった縁側のような空間を主題とした豊かな空間が実現している。

The site is on the summit of an area of high ground, and is wide open towards the south. Although this is a residence for two families, it comprises two complete houses connected by a bridge. Their architecture is based on two different diagrams: one is a spatial organization in which there are very few openings on the exterior, and the only interaction with outside is through a large void space contained in the interior; and the other is a spatial organization in which, although there is a spatial core in the center, around this is a space open to outside, which contains the various functions that support daily life.

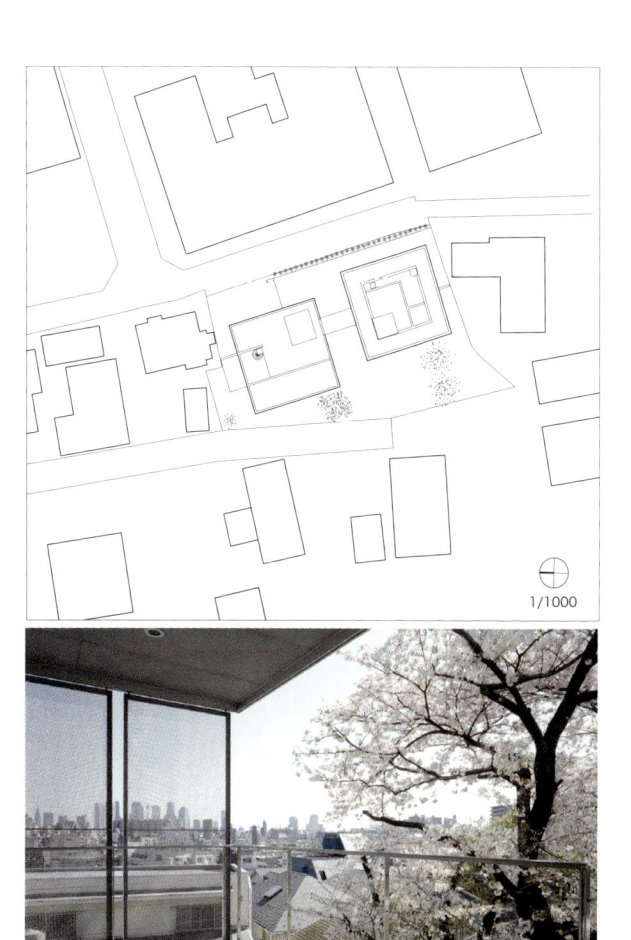

1/1000

南棟2階テラス,遠くに新宿副都心が臨める.メッシュ吊戸で囲えるようになっている

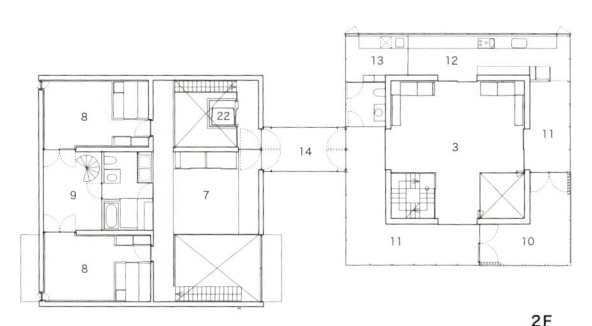

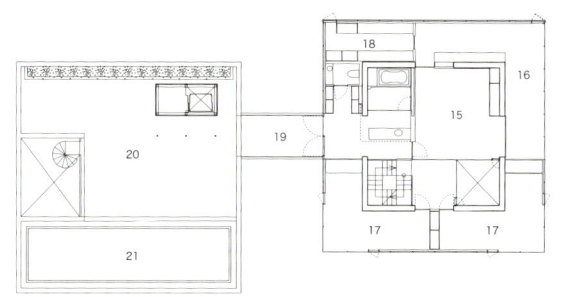

2F

3F

41

2004 02
M-HOUSE

南棟2階リビング.天井には輻射式冷暖房システムが備えられている

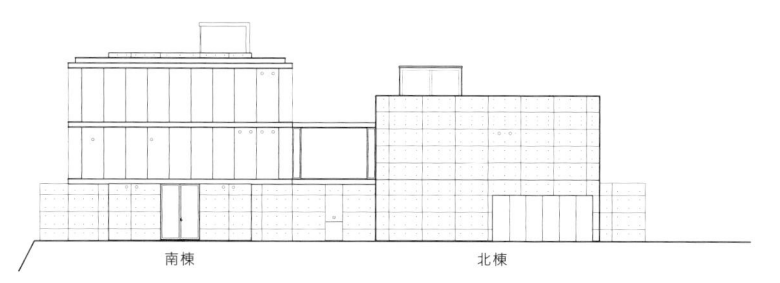

EAST ELEVATION 1/400

南棟　　　　　　北棟

2004 05

20K APARTMENTS

西側（階段踊り場）から見た夕景

1/1000

集合住宅20K
SOHOメゾネット／開放型フラット

敷地は都心部にある古くからの住宅地で、周辺ではマンションへの建て替えが進行している。敷地内で建物を南側の敷地境界ぎりぎりに寄せて配置し、法的に要求される窓先空地や有効採光面などをとるために北側に大きな空地を設けた。北側の空地なので暗い印象にならないよう素材や色調を選定し、この空間内に光が廻るように配慮している。南側のブロックはメゾネットを二段重ねるという住戸形式をとっている。下段のメゾネット住戸は空地に直接接続する北面に大きな吹き抜けの空間を設けており、小規模なオフィスまたは仕事場を下階に、住まいを上階にもつようなSOHOとして使われることを想定した。上段のメゾネット住戸は共用の片廊下からアクセスする。下段のメゾネット住戸とわずかな空間配列の変更なのだが空間配置は日常的な生活に対応している。どちらのメゾネットも上階の南側に開放的な少し広いバスルームを設けており、ここを洗濯室やサンルームとして使うことで室内気候を調整することができる。
この南ブロックとブリッジで結ばれる北ブロックは配置計画上採光条件が悪くなるため、4周すべて開口部にできる空間形式を検討した。室内は縁側をもち、襖・障子で仕切られる伝統的な日本の家屋のように木製パネルを外周に二重に配置している。この平面中央の厚い壁で2部屋となるフラットタイプの住戸はコネクティングドアで連結することもできるようにしてあり、兄弟や未婚の男女のような同居でも別居でもない人間関係の住まいとなる可能性を用意している。

2004 05
20K APARTMENTS

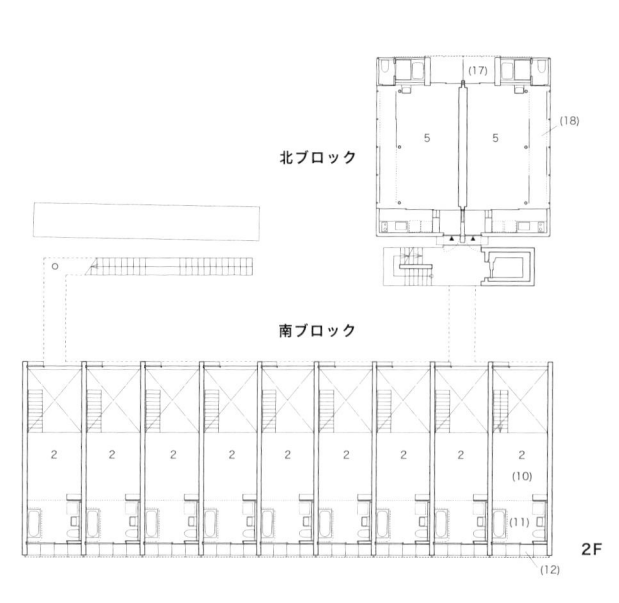

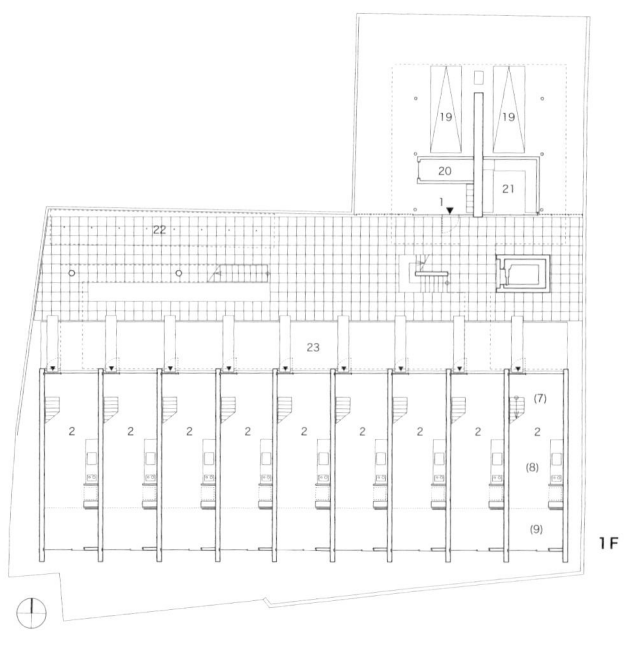

北ブロック

南ブロック

2F

1F

PLAN 1/400

1. エントランス
2. メゾネット A
3. メゾネット B
4. メゾネット C
5. フラットタイプ
6. 共用廊下
(7). ルーム 1
(8). ダイニングキッチン
(9). ルーム 2
(10). ルーム 3
(11). バステラス
(12). 設備バルコニー

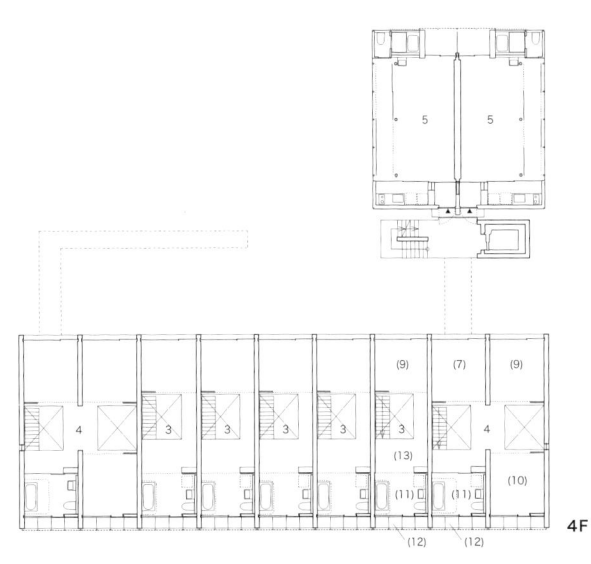

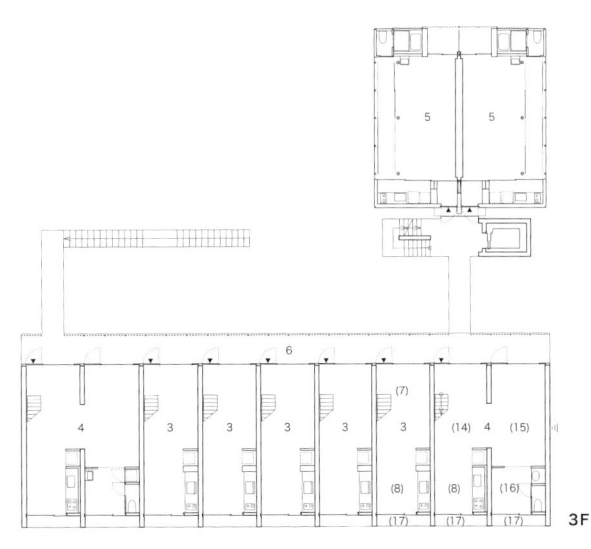

北側空地から南ブロックを見る.水盤の鉢は既存の庭に置かれていたもの

(13). スタディスペース　19. 駐車場
(14). リビング1　　　　 20. 機械室
(15). リビング2　　　　 21. ゴミ置き場
(16). ユーティリティ　　22. 駐輪場
(17). バルコニー　　　　23. 水盤
(18). 縁側

2004 05
20K APARTMENTS

南ブロック下段メゾネットを見る。水盤を介してアプローチする

南ブロック3階,上段メゾネット用の共用廊下

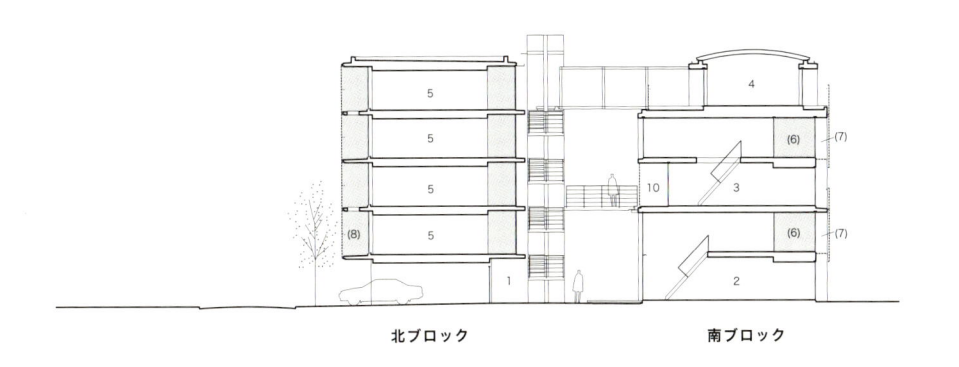

1.	エントランス
2.	メゾネットA
3.	メゾネットB
4.	オーナー住戸
5.	フラットタイプ
(6).	バステラス
(7).	設備バルコニー
(8).	バルコニー
10.	共用廊下

北ブロック　　　南ブロック　　　SECTION 1/400

2004 05
20K APARTMENTS

南ブロック上段メゾネット内観

北ブロック階段から南ブロックを見る

2004 05
20K APARTMENTS

北ブロック住戸内観.縁側をもつ

The building is arranged as close as possible to the southern site boundary, and a reasonably large area of open land was created by taking the legally required yard space in front of the windows and effective daylighting area from the north side. To the south are high-ceilinged maisonette-types facing this open land, and flat-types have been established to the north. The maisonettes have a spatial organization that also allows the lower level to be used as a public workspace and the upper level as a place for daily life. In the one-room flat types, it is possible for pairs of rooms separated by thick walls to be joined by a connecting door; one side may be used as a workspace, or two independent people may share aspects of their daily life. These spaces assume lifestyles involving such new human relationships.

前面道路から北ブロックを見る

北ブロック

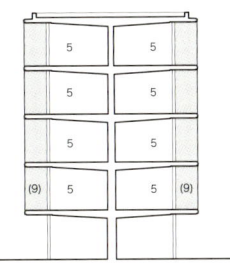

5. フラットタイプ
(9). 縁側

SECTION 1/400

53

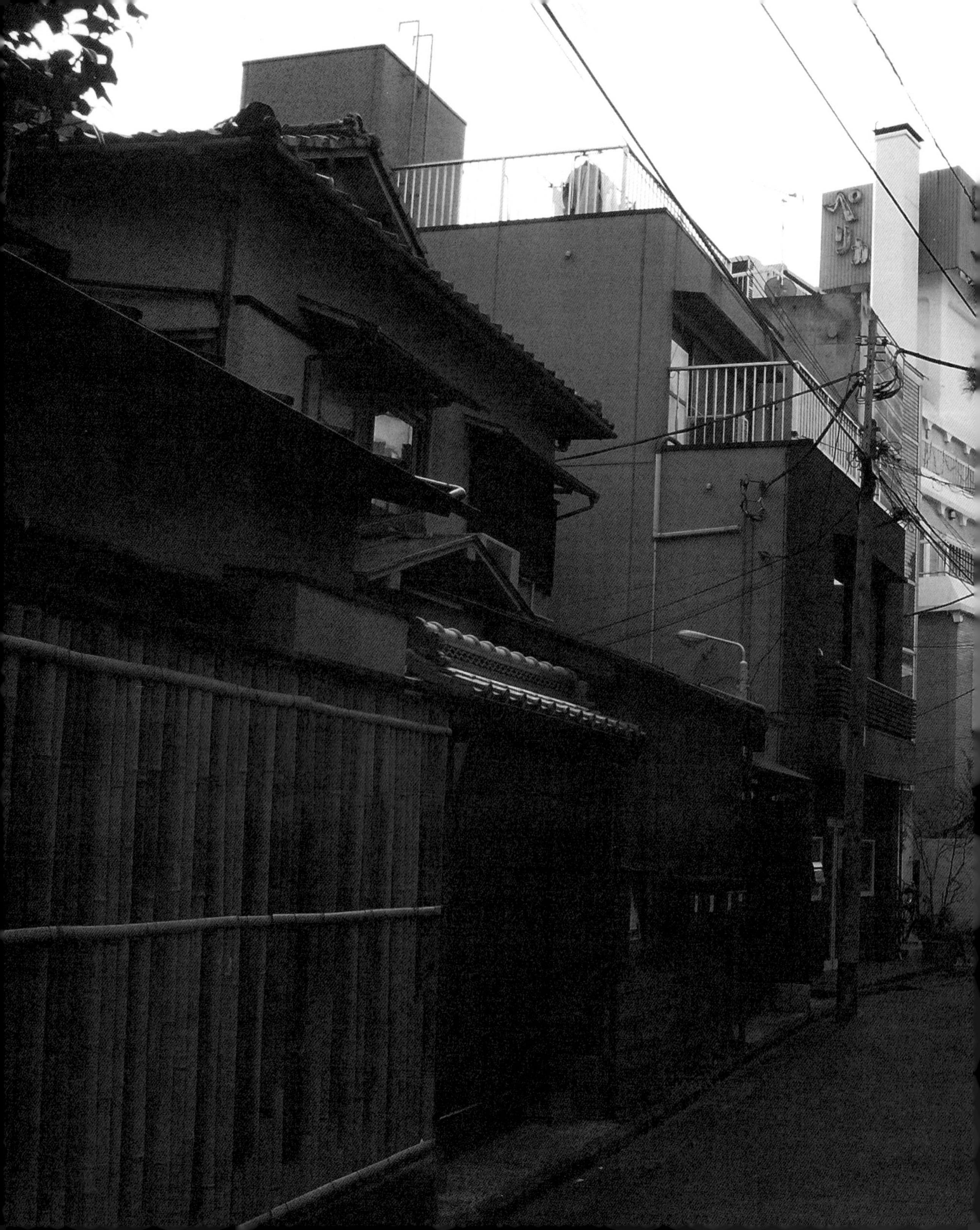

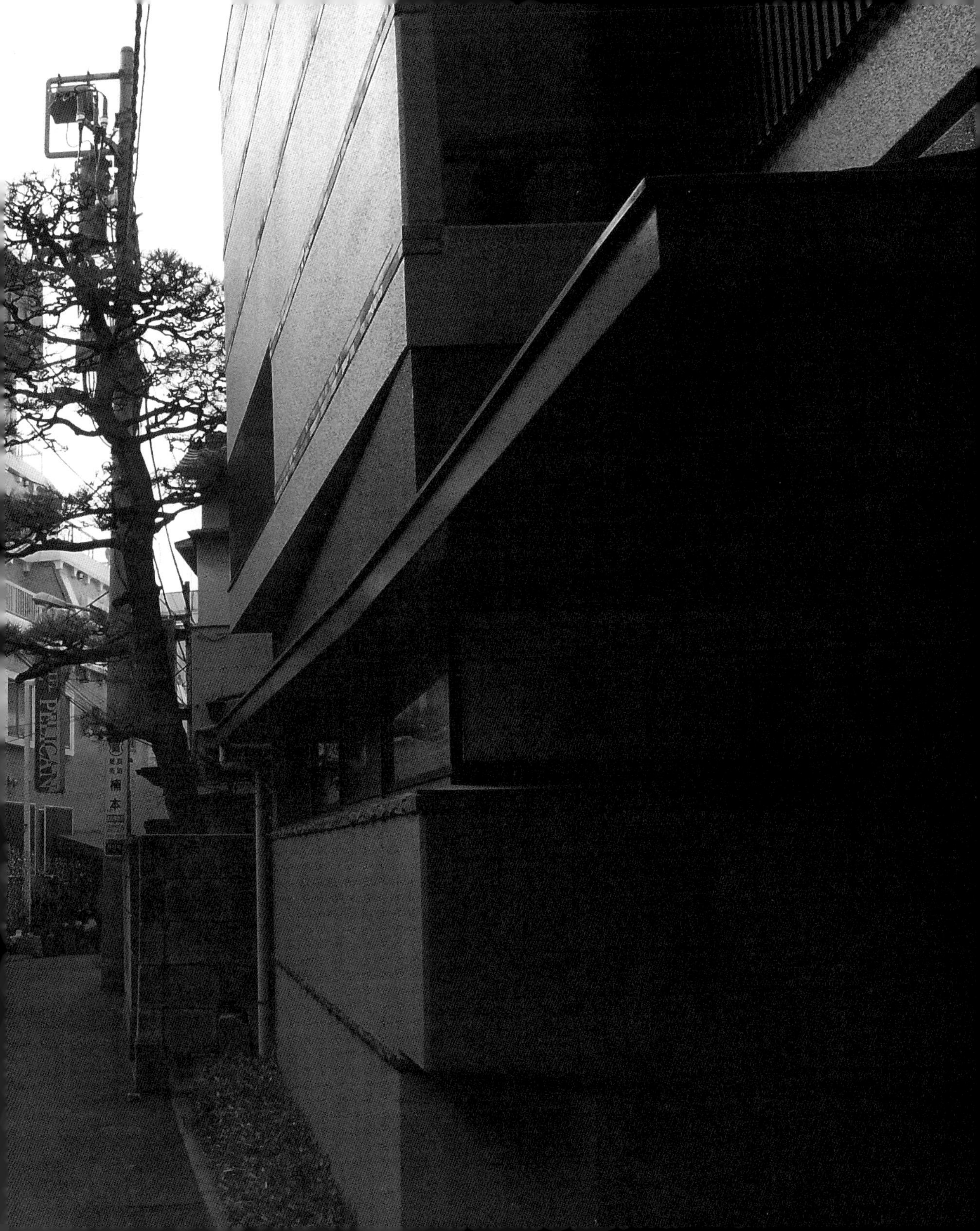
PELICAN
楠本

2005 07

HOUSE IN MARUYAMA-CHO

北西側夕景

円山町のアトリエ付住居
都市に開いたアトリエの中に住む

計画地は渋谷の表通りから少し中に入った、建物が密集して建ち並ぶ昔からの花街にある。前面道路は4m未満であり、その道路に対して間口は約4m程度しかなく、奥に行くほど広がる変形した敷地である。既存家屋は木造2階建てだったのだが、既存の地下室は解体撤去とその後の埋戻しや地盤改良にコストがかかった。敷地内にわずかに残された健全な地盤を用いて、水平力を受ける巨大な本棚のようなリブ付きRCフレームを建て、それにもたせかけるように軽量の鉄骨で架構を組むという計画とした。取り付き道路が狭くて大型車両が入れないため重量鉄骨は使用できないが、RCは鉄筋と型枠パネルの建て込みなので問題ない。地盤状況が良ければすべてRC造とすることも考えられたが、今回は重量が大きくなりすぎて不可能であった。軽量の鉄骨は人手で運び、作業できる重量にピースを分割して現場で組み立てている。一見、非合理にみえる構造形式はさまざまな制限の中で合理性を与えられている。

これはモノの道理だけで組み立てられた即物的な空間である。住まい手は独立して仕事をしているデザイナーとイラストレーターで、それぞれガランとしたアトリエがあればその一部を生活の場に充てるということであった。西側に階段を収納するヤグラを組み、そこを上下に気流を流す気候調節のバッファーゾーンとした。このヤグラとリブ付きRCフレームの間に生まれる変形の空間がアトリエと生活の場となっている。

前面道路側ファサード

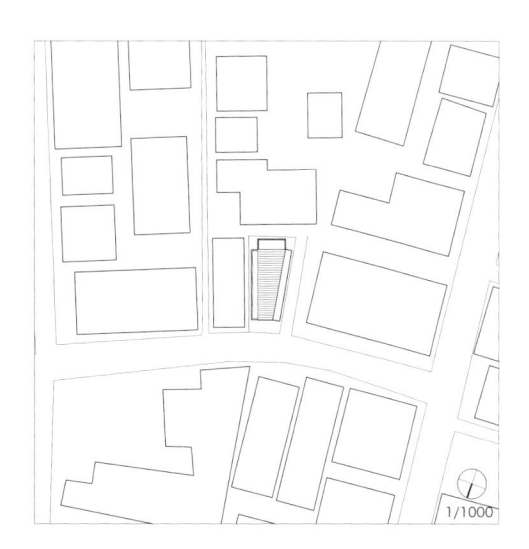

This is a dwelling that includes separate ateliers for a designer and an illustrator, who each work independently. Because the project area is in a residential district that has always been densely built-up, the road to the front is narrow, and there is an existing basement on the site, the area where bearing capacity could be assured was limited. The structural frame was assembled with a concrete structure resembling an enormous bookcase erected on this tiny area, embraced by a lightweight steel frame that takes all the horizontal forces in the concrete frame. Bringing in light and breezes, a stair has been placed in a glass case on the west side, commanding a view of the trees lining the private road on the adjoining site, while mechanical services and storage have been installed in the concrete structure on the east side. The leftover irregularly shaped space between them contains the ateliers and living areas.

1/1000

2005 07
HOUSE IN MARUYAMA-CHO

3階アトリエ

3階バステラスを見る

1階吹き抜け

気候調節のバッファーゾーンになっている階段

1階アトリエ,エントランス(道路側)を見る

1階アトリエ,エントランスから奥(キッチン側)を見る

前面道路に開かれた1階アトリエ

2005 07
HOUSE IN MARUYAMA-CHO

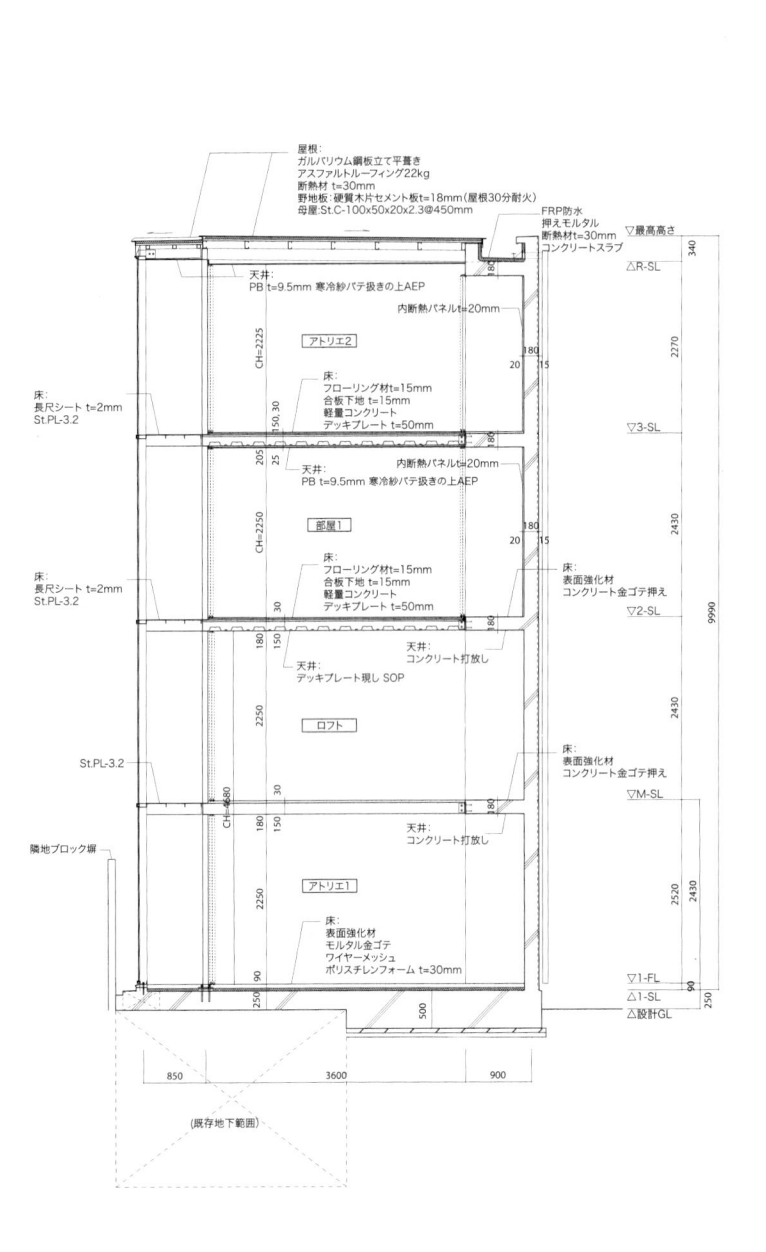

SECTION 1/100

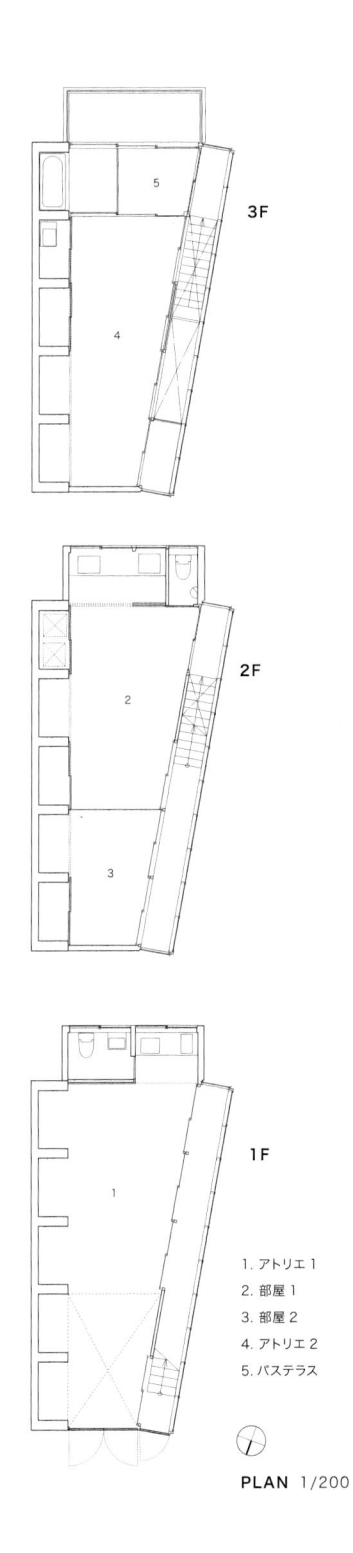

PLAN 1/200

1. アトリエ1
2. 部屋1
3. 部屋2
4. アトリエ2
5. バステラス

1. 敷地内にわずかに残された健全な地盤に建てられた, 水平力を受ける巨大な本棚のようなリブ付RCフレーム。

2. 人力で運ばれた軽量鉄骨が小型のユンボクレーンを使って組みたてられた。

3. 巨大な本棚のようなコンクリートの構造体にもたせかけるように軽量の鉄骨で架構を組むという構成。

200601

Q-AX

西側道路から1階を通して東側道路を見る.天井はコンクリートボイドスラブの2階シアターの床勾配が現れてきている.照明はコンクリート打ち込み

Q-AX
都市のホワイエを設計する

この映画館は全部で五つのスクリーンがあるが、事業主体の異なる三つのミニシアターが入る複合映画館ビルである。

敷地は渋谷の古くからの花街である円山町で、ライブハウスとラブホテルが建ち並ぶ二つの通りに面している。前面の通りはライブに集まる音楽サブカルチャーのグループで、時に祭りのように騒然とした状況になる。ここに都市のホワイエといえるようなパブリックスペースを設けられないかと考えて、設計の最初の段階から二つの通りをつなぐように1階部分に道路の延長のような空間を設けることを提案した。法的に要求されている空間や機能上必要とされる動線などを検討し、最少の天井高が2,150mmで2階の段床に合わせて天井勾配が上がる隙間のようなスペースを設けることができた。

これは都市の中で偶然できてしまった、人が通れるぎりぎりの高さのガード下のような空間だ。そこに約1mピッチでグリット状に電源と支持アンカーを打ち込んで、まるで映画制作のスタジオのようにインスタレーションが自在に行えるスペースを用意した。映画関連のイベントやフィルム上映にも対応できるようになっている。

外部のファサードは看板のフィルムを貼ることを想定して、その下地として溶融亜鉛メッキのスチールパネルを設けてある。さらに上部には内照式の看板フィルムにも対応できるようにネオン管を組み込んだガラスパネルとした。ファサードはそれ以上の表現は何もしていない。これは渋谷円山町という都市に投げ出されたインフラのようなファサードなのだ。

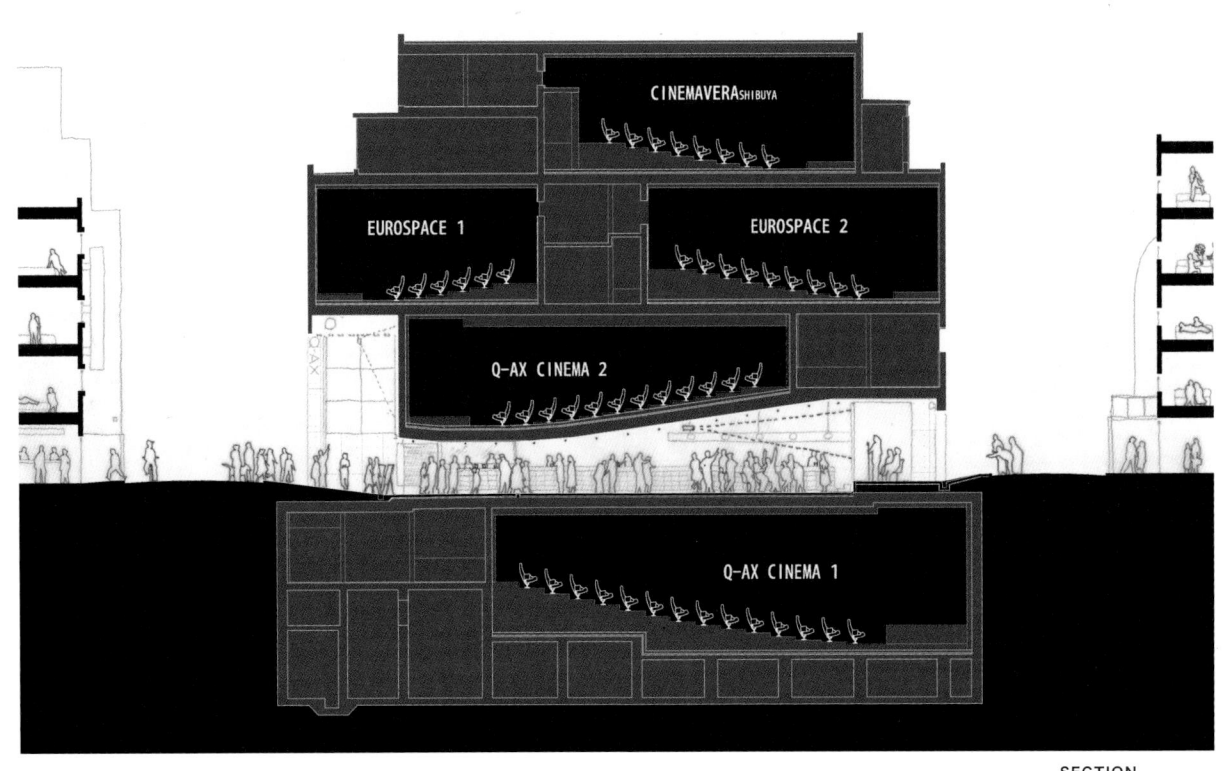

SECTION

2006 01
Q-AX

1/2000

東側道路の街並み

2F

4F

1F

3F

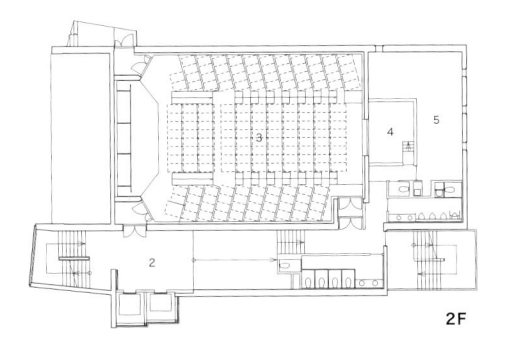

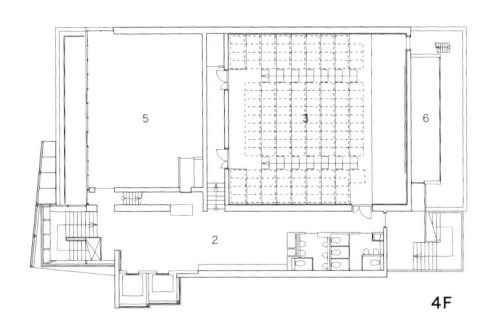

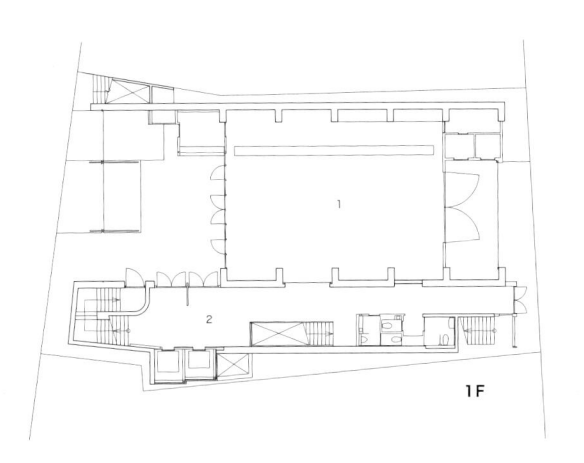

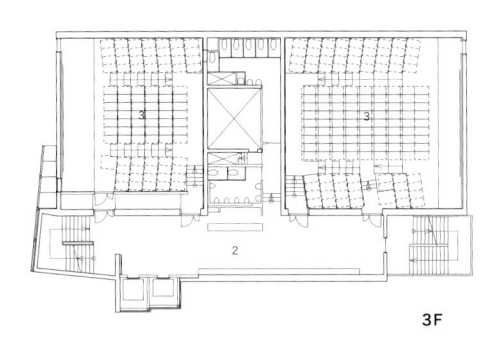

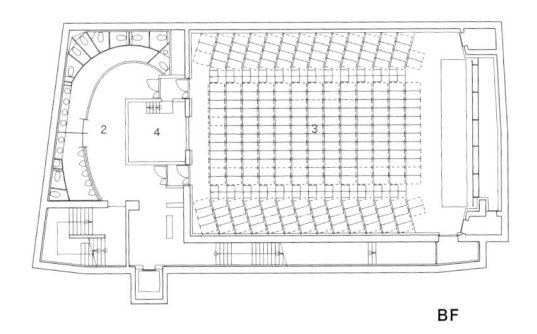

BF

1. カフェ
2. ロビー
3. シアター
4. 映写室
5. 事務室
6. ロッカー室

PLAN 1/500

2006 01
Q-AX

東道路側ファサード

地下1階ロビー内観.右手のボックスは映写室.RCの片持ちスラブで床から650mm浮かせている

東道路側ストリートレベル夜景

This is a mini-theater cinema complex in Shibuya. It is located in the Maruyama-cho area of Shibuya, where live music venues and clubs are gathered on streets lined with love hotels. It contains a total of five halls. Below ground is a genuine hall with 263 seats and a THX sound system; the second floor hall has 171 seats; the third floor has two halls of 145 seats and 92 seats respectively; and the fourth floor has a 142-seat hall. All these differently shaped halls are integrated in a compact layered architecture. Incorporating a cafe and bar, the space on the first floor was created by raising the ceiling right up to the stepped seating of the level above, resulting in a cinema foyer that also becomes a foyer for the entire town.

2006 03
G-FLAT

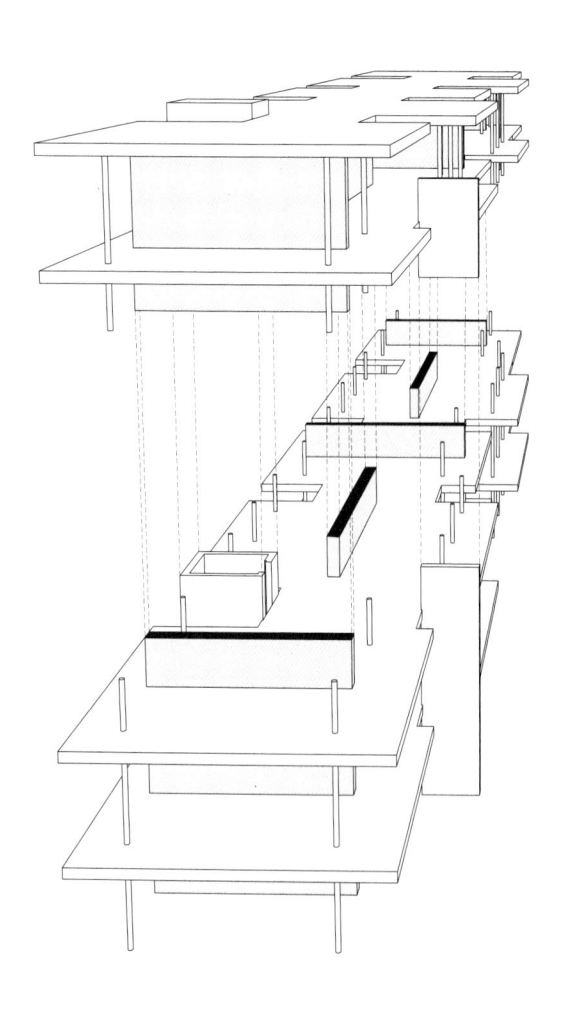

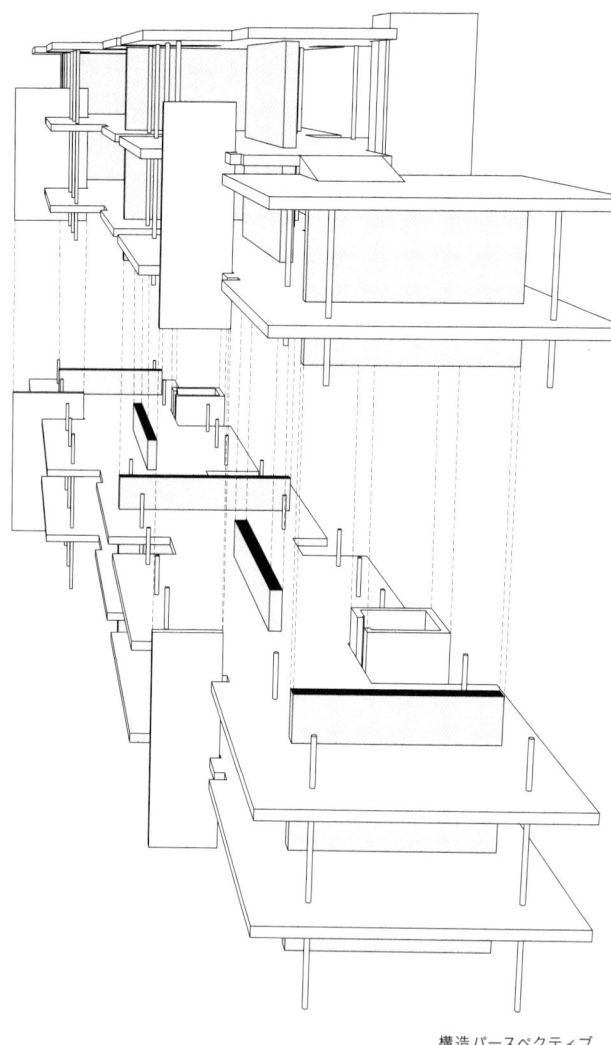

構造パースペクティブ

洗足の連結住棟
周辺環境のグレインと関係付ける

敷地は古くからの良好な住宅地で周辺の住宅は敷地規模、建物のグレイン(都市の粒)がそろっている。豊かな外部空間には庭木が植えられ、光や風が通り抜ける優しい住環境が生み出されている。この安定した住宅地の周辺環境に合わせるように、分棟型の建築を構想した。
構造体を中央部にもつことで、外周すべてを開口面にできる空間形式の住棟を10棟連結した集合住宅である。各棟は連結部分のバルコニーによって構造的に一体として、水平力は直交する2方向の構造壁で受ける。また構造壁から離れるフラットスラブの鉛直荷重はスチールの柱で受けている。この構造システムによって住棟の外周部は完全に構造から自由となり、どの住戸も戸建て住宅のような外部とのインターフェイスの多い空間形式となった。
住戸は住棟間の連結バルコニーを介して離れをもつような構成である。外壁はすべてガラス面なので、自分の部屋を外部を通して眺めるという視点が生まれている。同様に、このような分棟配置の集合形式は、ドアを閉めてしまえば隣で何をしていてもわからないという一般的な集合形式ではなく、他の住戸の気配を窺うこともできる。共に住まう根拠は生

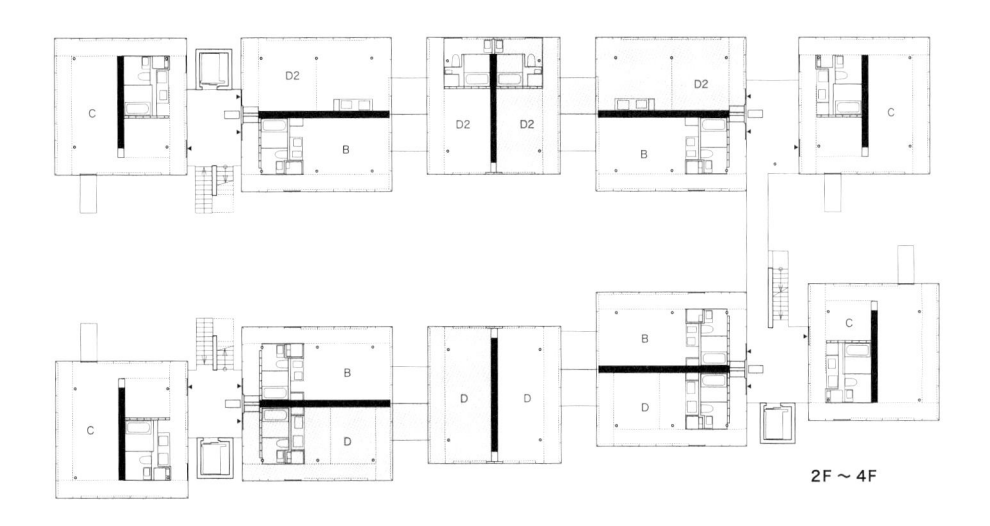

2F～4F

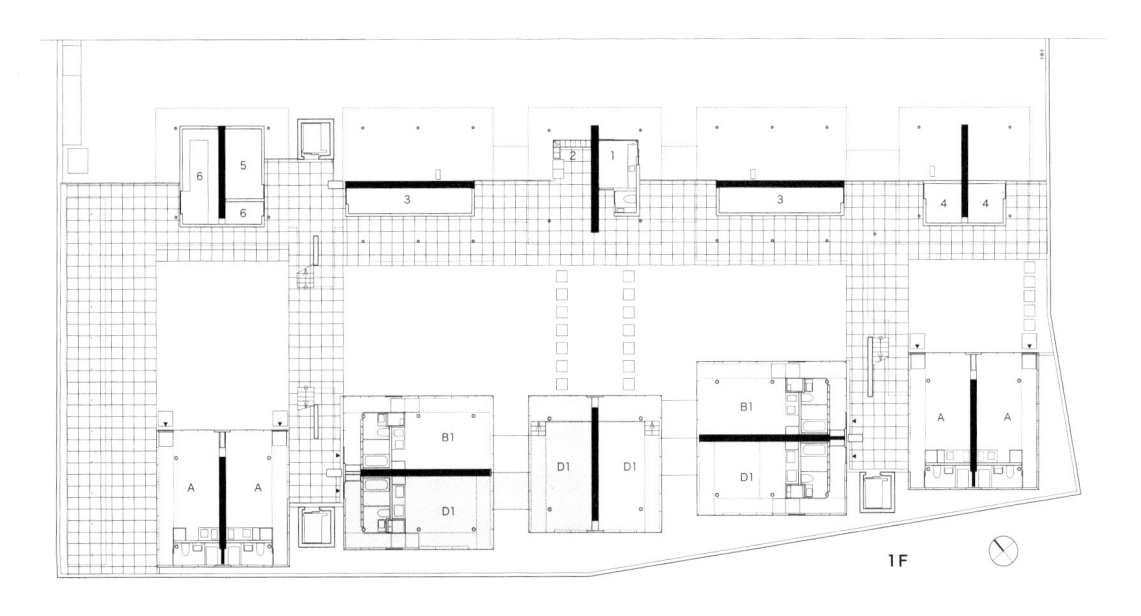

1F

PLAN 1/400

1. 管理人室
2. ポスト
3. 設備室
4. 倉庫
5. ポンプ室
6. ごみ置場
A-E. 各住戸タイプ

活の気配を共有することにあるのだ。
外周部に縁側のような二重の建具ラインを設けることで、内部空間のプライバシーや熱環境をコントロールすることができる。そのコントロールは住まい手の意志に委ねられている。そして、住戸プランもコンパクトな水回り以外は可動の家具と建具が設けられているだけであり、空間の使い方は住まい手のアイデアに任せられている。設計者側からの限定が低い曖昧な空間形式とすることで、参加を誘う空間が実現している。ここは小さなオフィスとして使用されるユニットが混ざり日中も人の気配がある。

2006.03
G-FLAT

中庭から北東側を見る：ピロティの向こうに前面道路が見える

Structural walls have been installed in the center of each residential block, and these walls are arranged in alternating directions in adjacent residential buildings. They are structurally unified by the connecting balconies, and so horizontal forces are directly taken by structural walls running in two directions. In this system, steel posts take vertical loads from the flat slabs, which are independent from the structural walls. Due to this structural system, the perimeters of the residential blocks are completely free from the structure, and every residence has a spatial form like a detached house, comprising many surfaces that interface with the exterior. The privacy and thermal conditions of the internal spaces are controllable due to the installation of a double line of operable fittings along the perimeter, like an engawa-style veranda.

前面道路からエントランスを見る

2006 03
G-FLAT

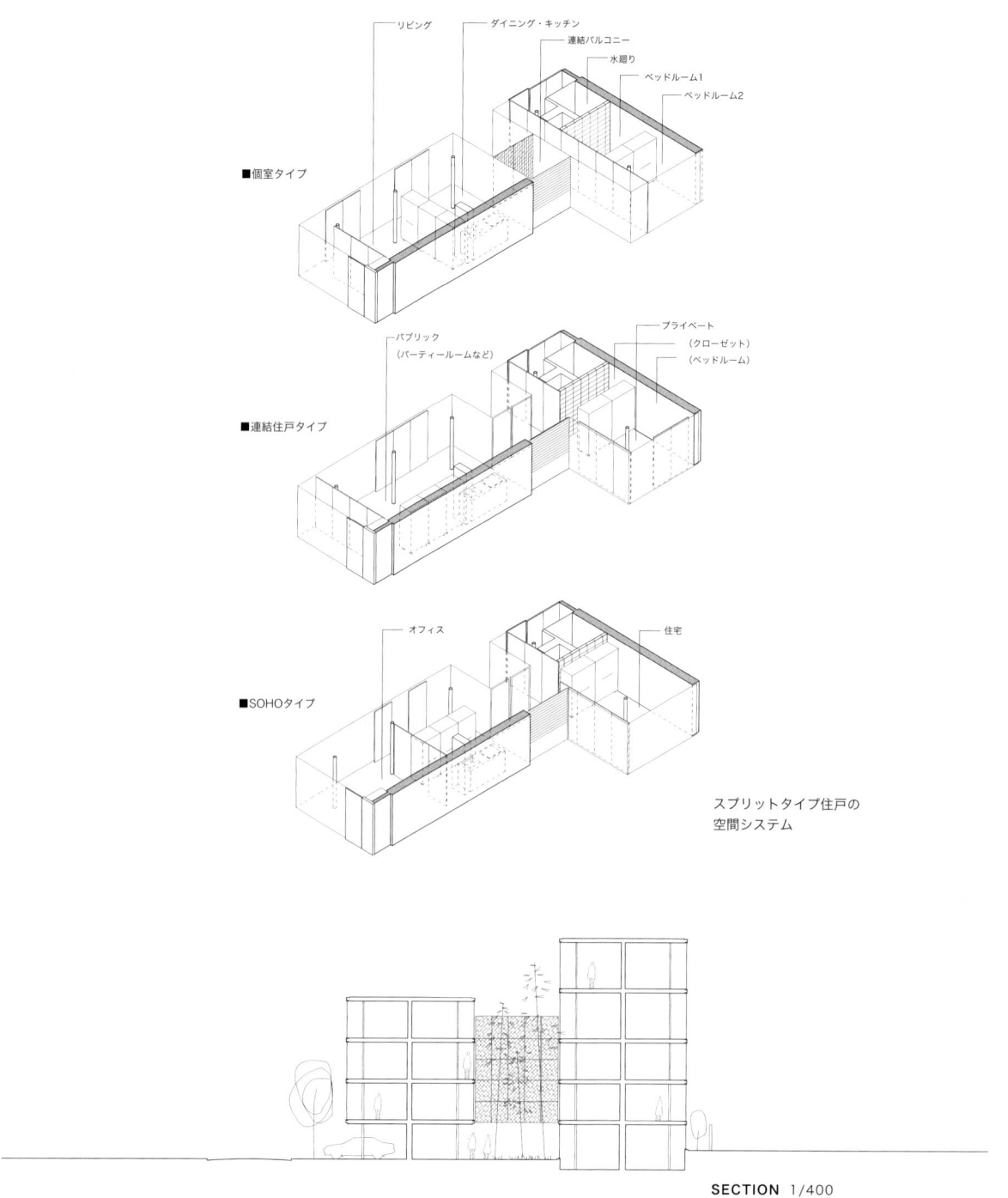

■個室タイプ
- リビング
- ダイニング・キッチン
- 連結バルコニー
- 水廻り
- ベッドルーム1
- ベッドルーム2

■連結住戸タイプ
- パブリック（パーティールームなど）
- プライベート（クローゼット）（ベッドルーム）

■SOHOタイプ
- オフィス
- 住宅

スプリットタイプ住戸の空間システム

SECTION 1/400

南西側の棟内部から北東側の棟を見る.植栽越しに互いの気配を感じられる構成となっている

住まい手が建具を動かして環境をコントロールできる

ダイニングキッチンからテラス越しにベッドルームが見える

200603
G-FLAT

中庭からの見上げ

道路の突当りに見えるファサード

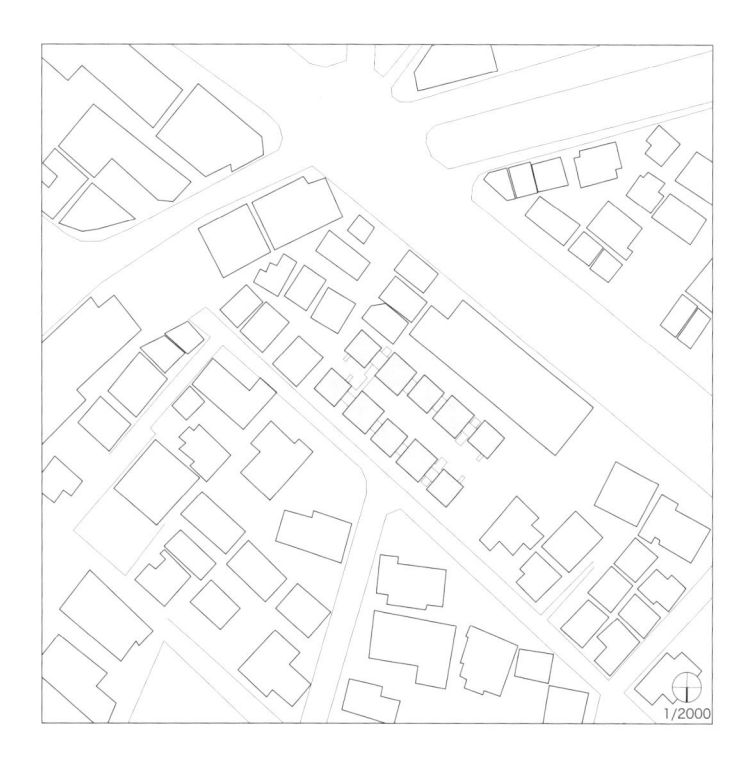

1/2000

2006 03
G-FLAT

最上階より都心風景を臨む

2006 10
HONG KONG DESIGN INSTITUTE competition

HONG KONG DESIGN INSTITUTE 設計競技案
都市に組み込む施設としての学校

香港特別行政区の職業訓練局による香港デザイン学校のための2段階方式のオープン国際コンペ案。応募数162の中から最終5案に選出された。計画地は九龍の郊外、新興高層マンションが建ち並ぶエリアにある。もともとは工芸や小さな町工場の職人を養成していた職業訓練学校を、公立のデザイン学校という体制にすることを前提とした計画である。ものづくりを中心とした教育となるので、その制作物を発表展示することのできる場をクラス内、学校全体そして地域へと重層的に展開できる空間形式を検討した。同時に学校の中に設けられる図書室やアトリエ、ホールなどが地域に開かれた施設として使用することを提案している。地表階をピロティによって開放された都市公園とし、上階は学校施設とするのだが、その中間階に学生と市民の双方から使用できる施設を集めたプラットフォームを提案した。このプラットフォームの上部は学生たちの生活をサポートする広場のような空間、そして最上階に集落のように教室群を設けている。異なる集団に対応する領域を「分けてつなぐ」広場のような空間を設定し、それを多層に重ねながら全体を組み立てている。学校全体が都市に開かれた公園の連続体になるように考えた。

This is our submission to a two-stage international design competition for the Hong Kong Design Institute, promoted by the Vocational Training Council of the Hong Kong Special Administrative Region. It was selected as one of the five finalists. The site is located in the outskirts of Kowloon, in an area being developed with high-rise apartment buildings. We proposed a low-rise architecture, somewhat like a large park, covered with vegetation as a form of urban greening. Layering up large plaza-like planes, we conceived the entire school as if it was a park. This low-rise architecture comprises four levels: COMMUNITY PLAZA at ground level, usable by all citizens, COMMON PLATFORM, containing the facilities that support the entire architecture, ACTIVITY FIELD, a floating plaza for the students, and STUDENT VILLAGE, in which groups of small classrooms are assembled like a village.

Connection with the surrounding environment
With a form derived from the external shape of the site, and a ground level opened by pilotis, it easily becomes integrated with the surrounding environment and pedestrians, producing an environment that is not isolated from its surroundings. With the pilotis, as well as the link with the park facilities currently being planning for the adjacent site, consideration has been given to connection with the surrounding environment.

周辺環境との接合
敷地外形より導き出される形態と開放された地表階のピロティにより、周辺環境や歩行者にとってなじみやすい、周囲から孤立しない環境をつくる。ピロティがあることで隣地に計画中の公園施設との接続も容易であり、周辺環境との接合を考慮している。

地表階(1階)ピロティ Community Plaza

First floor (ground level plaza) - Community Plaza -
The ground level comprises pilotis that allow free access from anywhere on the site, and is opened as an urban park for all citizens. There is a walking circuit following the shape of the site, which may be used as a gallery that is open 24 hours. In cooperation with the park facilities currently being planned for the adjacent site, and as public activities for the surrounding environment, the gymnasium, swimming pool, and canteen are generally open, and parking spaces are ensured. The tendency for the plaza environment to become disordered is mitigated by the large pond in the center, where rainwater is collected, furnishing an urban park with a pleasant environment for all citizens, and at the same time improving the security of the facilities. The security of the entire facility can be further improved by checking visitors entering the vertical circulation that provides access to the upper levels.

1階(地上広場)
ピロティとなる地表階は敷地のどこからでも自由にアクセスでき、都市公園として全ての市民に開放される。敷地形状に沿って全体を回遊することができ、24時間開かれたギャラリーなどとしても利用できる。隣地に計画中の公園施設との連携や、周辺環境へのパブリックアクティビティとして、ジムや水泳プール、学食などが一般に公開され、パーキングスペースも確保している。雨水を貯める中央の大きな水盤が無秩序になりがちな広場の環境を守り、快適な環境の都市公園をすべての市民に提供すると同時に施設のセキュリティを確保する。上層へのアクセスとなる垂直導線で入館者のチェックを行うことで、施設全体のセキュリティをさらに高めることができる。

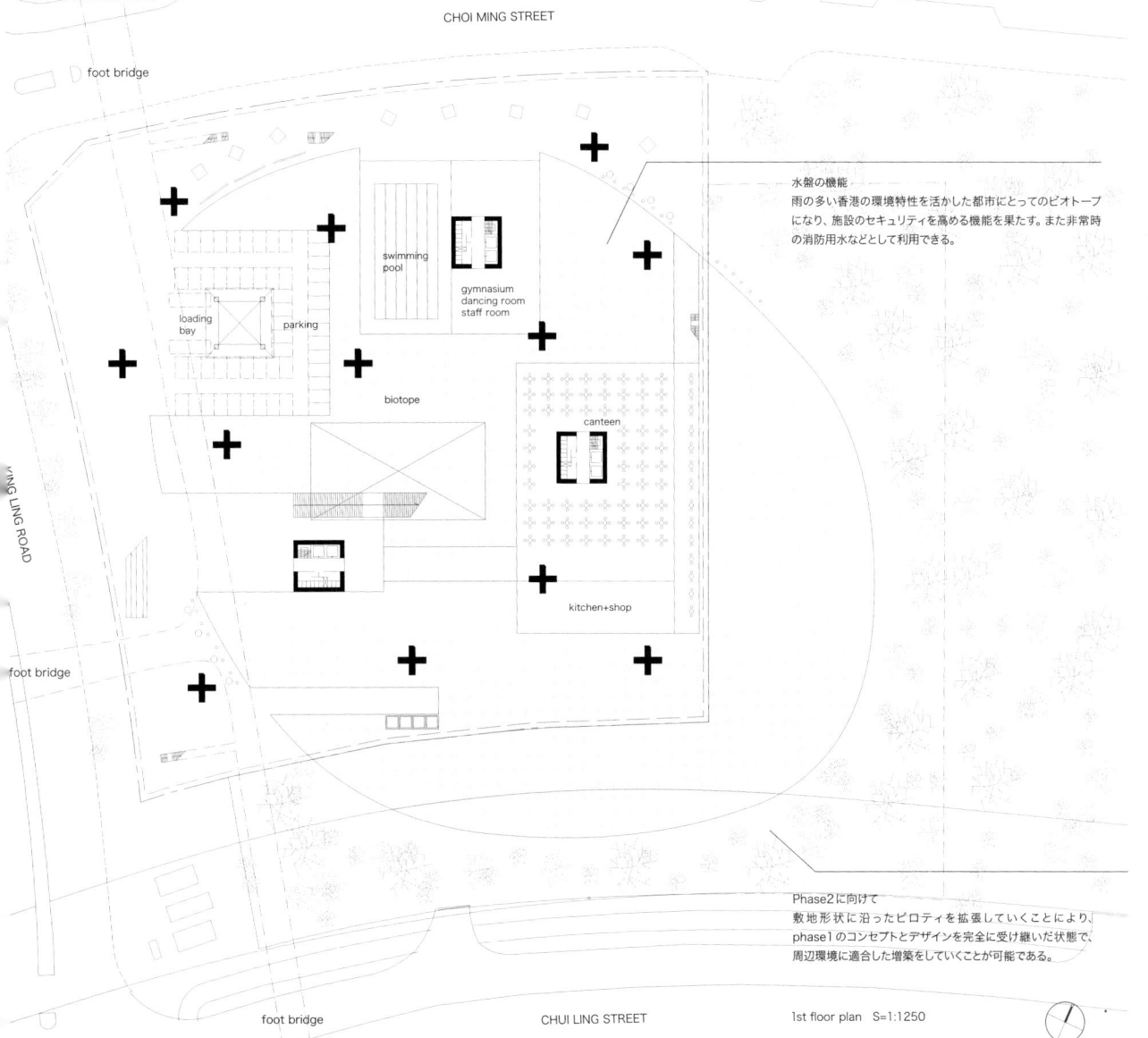

CHOI MING STREET

foot bridge

MING LING ROAD

loading bay
parking
swimming pool
gymnasium
dancing room
staff room
biotope
canteen
kitchen+shop

水盤の機能
雨の多い香港の環境特性を活かした都市にとってのビオトープになり、施設のセキュリティを高める機能を果たす。また非常時の消防用水などとして利用できる。

foot bridge

Phase2に向けて
敷地形状に沿ったピロティを拡張していくことにより、phase1のコンセプトとデザインを完全に受け継いだ状態で、周辺環境に適合した増築をしていくことが可能である。

foot bridge   CHUI LING STREET   1st floor plan S=1:1250

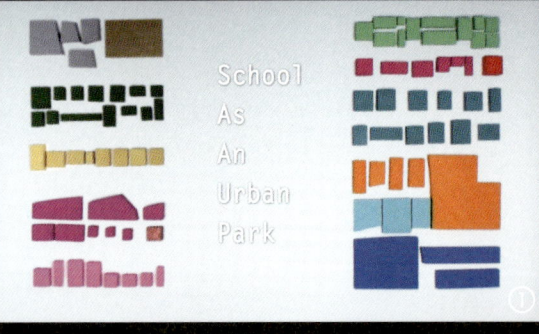

① 必要な諸室を切り出して 
② 関係性を考えながら 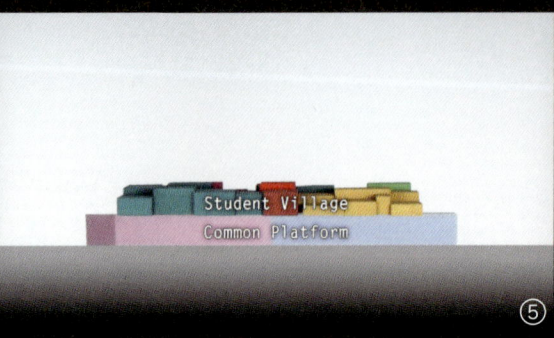
⑤ 社会に開くもの・閉じるものを重ねる 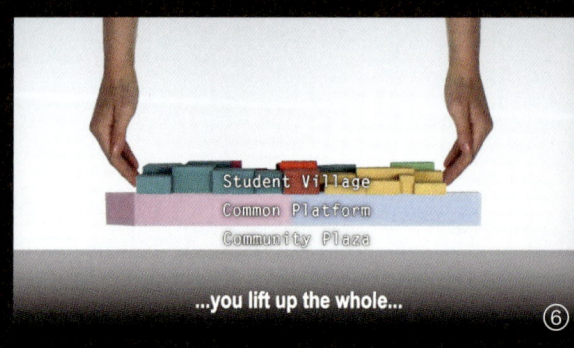
⑥ 地上を市民に開く 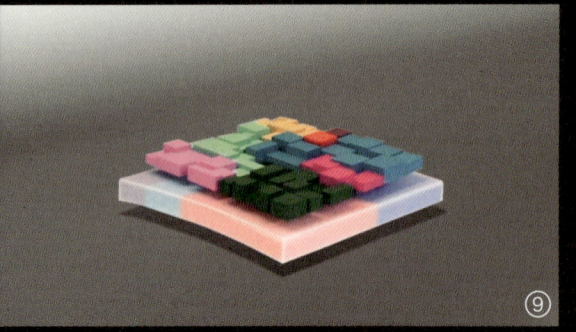
⑨ プログラムを固めたダイアグラム 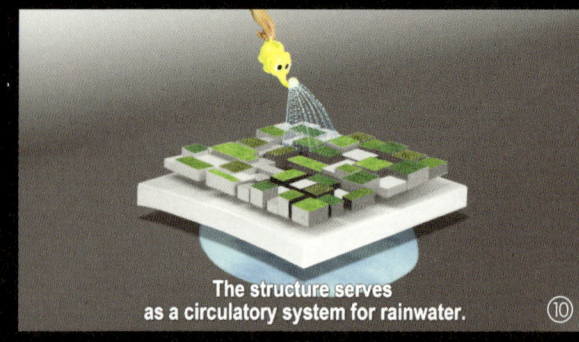
⑩ 命を流し込む 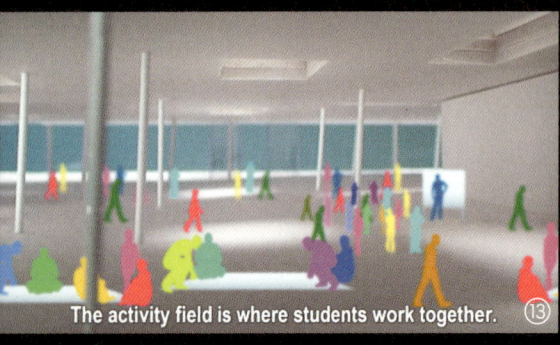
⑬ 自然地形のような学生広場 
⑭ 社会に開くプラットフォーム

commonly-used functions are integrated ... ...as a platform. ③	 The two plates are stacked but... ④
サイトの中に	再編集する
...you lift up the whole... ⑦	...to create a ground for the public. ⑧
中間階に学生広場を	パブリックを挟む空間形式
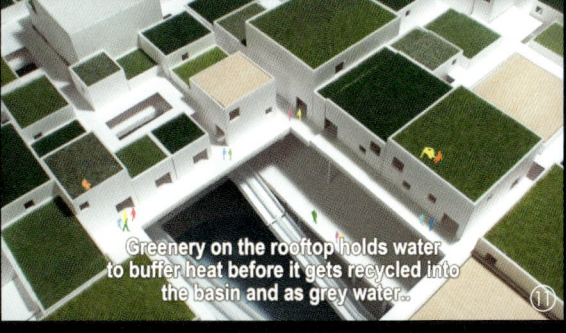 Greenery on the rooftop holds water to buffer heat before it gets recycled into the basin and as grey water... ⑪	 It is also a visual park for the surrounding residents. ⑫
生き生きとした空間に	都市公園としての建築
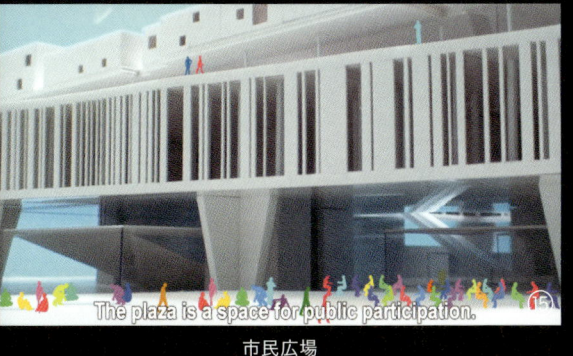 The plaza is a space for public participation. ⑮	 The building contributes an open plaza for public use. ⑯
市民広場	都市に開かた建築 コンセプト動画より抜粋

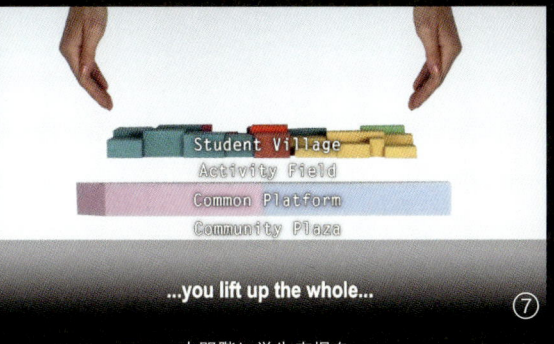

Second floor (platform that becomes a nucleus for students and citizens) - Common Platform -
Gathered on this platform are facilities that become a nucleus to support the entire architecture. With a simple, lucid and easily understood design, like an airport concourse, the arrangement of the library and auditorium becomes a base for the activities of citizens and students. All management offices for the facility are arranged on this floor.

2階(学生と市民のための中核となるプラットフォーム)
建築全体をサポートしていくための中核となる施設が集まるプラットフォーム。空港のコンコースのように単純明快でわかりやすい計画で配置される図書館や講堂が市民と学生の活動基盤となる。施設運営のためのオフィスなどはすべてこのフロアに配置される。

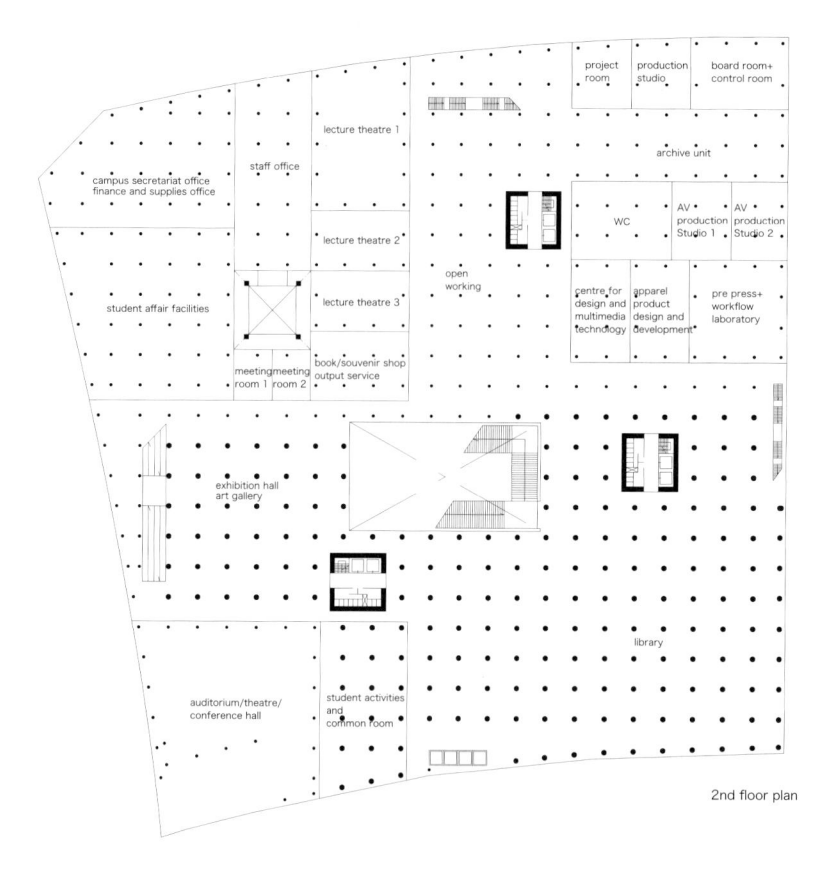

Third floor (floating plaza for students) - Activity Field -
This is a floating plaza that receives all the students with their diverse personalities, and at the same time the atmosphere of all these student activities can be felt. Like sunlight through foliage, light falls from the upper levels onto the public activities for students, such as the design studio and café, and a gradually undulating floor where one may relax as in a park. Triggering a variety of events, this place acts as a backdrop to the activities of students focused on design.

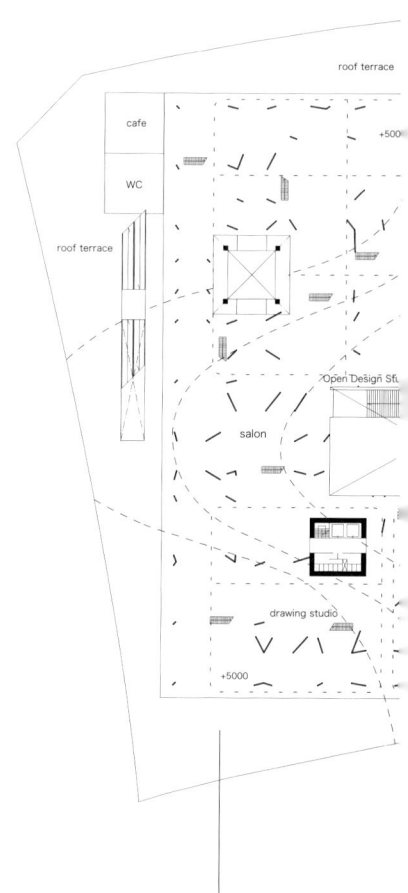

2nd floor plan

Function of topography
The third-floor floating plaza for students is a mound like a hill, and besides allowing people to sprawl out and relax as in a park, it becomes a device that acts as audience seating for plays and performances, and causes various other events.

地形の機能
3階の学生のための空中広場は地面が丘のようにマウンドされており、公園のように寝そべったりくつろいだりできるほか、演劇やパフォーマンスのための観客席となったり、さまざまなイベントを誘発する装置となる。

2F Common Platform

3階(学生のための空中広場)

多様な個性をもった全ての学生を受け入れ、かつ同時に学生活動全体の雰囲気を感じることができる空中広場。デザインスタジオやカフェといった学生にとってのパブリックな施設がある。上階から木漏れ日のように光が降り注ぎ、ゆるやかに起伏する床になっているなど公園のようにのんびり過ごすこともできる。さまざまなイベントを誘発しつつ内包し、デザインを主体とする学生の活動が風景となる場。

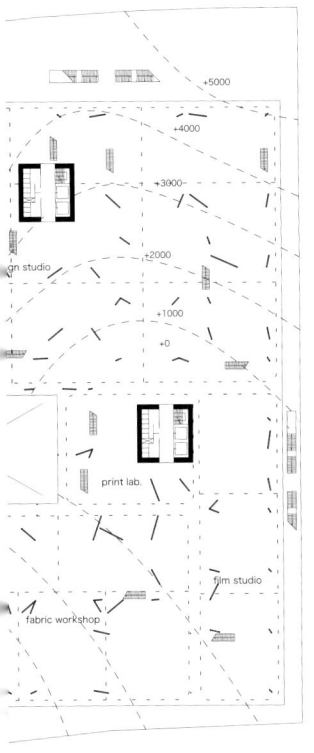

Fourth floor (village-like classroom group) - Student Village -

Collecting the classroom groups, each of which may be accessed directly from the floating plaza, this becomes like a village where various unique activities occur simultaneously. Each cluster shape of human-scaled classroom groups is dispersed yet gathered around the three lift cores providing vertical circulation, and temporary changes in program or changes in future usage can be responded to by linking various sized classrooms. Each classroom group becomes a "green pot," and these are arranged with gaps between them, becoming a porous group form that lets through light and wind. Nature is brought to each classroom, and at the same time light pours into the lower-level floating plaza like sunlight through foliage.

4階(集落のような教室群)

空中広場からそれぞれ直接アクセスできる教室群が集まり、多様で個性的な活動が同時に行われる集落のようになっている。ヒューマンスケールの教室群は垂直導線となる3本のコアとリフトの廻りにそれぞれクラスター状に分散しながらも集合し、さまざまな大きさの教室を連結していくことで一時的なプログラムの変化や将来的な用途の変更に対応していくことができる。それぞれがグリーンポットとなる教室群は隙間をもって配置され、光や風が抜けるポーラスな集合形式となっており、各教室に自然を導き入れると同時に下層の空中広場に木漏れ日のような光を注ぐ。

1 - S (25-35m2)
> band room
  recording studio
  store room

2 - M (64-90m2)
> studio
  laboratory

3 - L (140-180m2)
> workshop
  studio

※ t=terrace

4th floor plan S=1:1250

3rd floor plan

Horizontal circuit design

This is a barrier-free design that allows access to all floors by elevator. As well as direct stair access to the classroom groups on the fourth floor from the third-floor plaza, all the classrooms are horizontally linked to the elevators via the peripheral corridor and the vertical circulation provided by the center core that penetrates the entire building.

フラットな動線計画

すべての階にエレベーターでアクセスすることができるバリアフリーな計画。4階の教室群には、3階の広場から直接アクセスする階段に加え、建物全体を貫く垂直動線となるセンターコアと外周部の回廊を通じて、エレベーターから教室群に至るすべてをフラットにつないでいる。

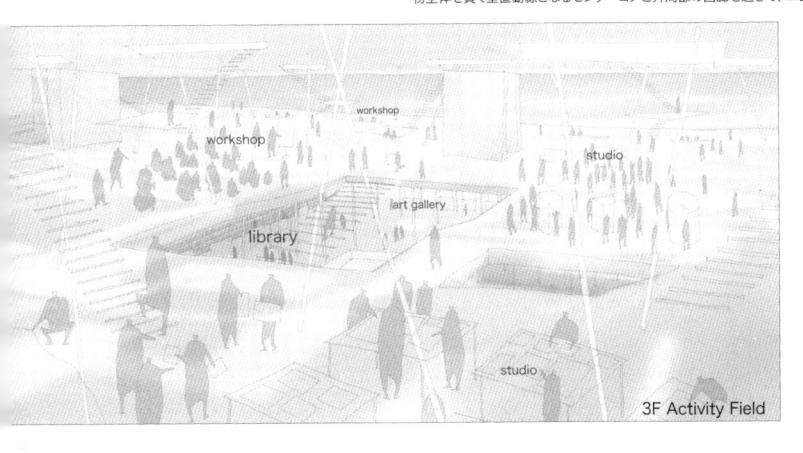

3F Activity Field

4F Student Village

2008 04

Klarheit

内部のアクティビティが見える透明性の高い建築

クラルハイト
SOHOコミュニティのためのビル開発

住宅地と商業立地が共存する場所に標準的な中小ビルのプログラム開発を依頼された。東京に偏在する住商混在地域内の、住宅用地におけるビル開発のスタンダードモデルを目指した。

この小さなビルは3層の構成である。低層部は都市に所属し、天井高のあるガランとしたインフラのような空間である。都市とのつながりが明瞭になるように、道路側に大きく開口部を設けられる構造とした。中間層はここにアドレスをもつ人たちが居る空間である。3フロア構成で、真ん中の階からだけアクセスできる。そこはオフィスのように設え、中廊下を介して透明のガラスパーティションで区画されているだけである。その上下階にプライベートな部屋がある。この透明な中廊下を共有する6戸はSOHOを介した共同体のようである。道路側ファサードは見る見られるという都市との関係性をもち、居住環境を調整できる縁側のような空間を設けている。最上層のテナント階は、計画当初、居住者が利用する眺望の良いコモンダイニングとなる共用ラウンジを想定していた。つまり中間層の住人がこの建物のキャラクターを決定する。働きながら住むというSOHOを介した新しい都市の共同体を住人としたビルの開発である。最終的に最上階はイタリアンレストランとなり、このエリアに暮らす人たちのコモンダイニングとしている。

The commission was to develop a standardized small-to-medium-sized building in a residential district that also contains commercial areas. This small building is composed of three layers. The lower part (up to two levels above ground) comprises large, empty spaces for tenants. The intermediate layer is a space for the people who own this address. It is composed of three floors, of which only the middle one is an access floor, fitted out as offices. Divided from each other by a central corridor, they are separated only by transparent glass partitions. Private rooms have been established in the levels above and below. The six households sharing this transparent central corridor are like a community of SOHO. The top floor contains an Italian restaurant. It is a common dining room for the people in this area.

街並みの中に現われるファサード

前面道路側ファサード夜景.3層の構成がよくわかる

2008 04
Klarheit

3階SOHO内部から共用廊下を見る

3階共用廊下.ガラスパーティションで仕切られている

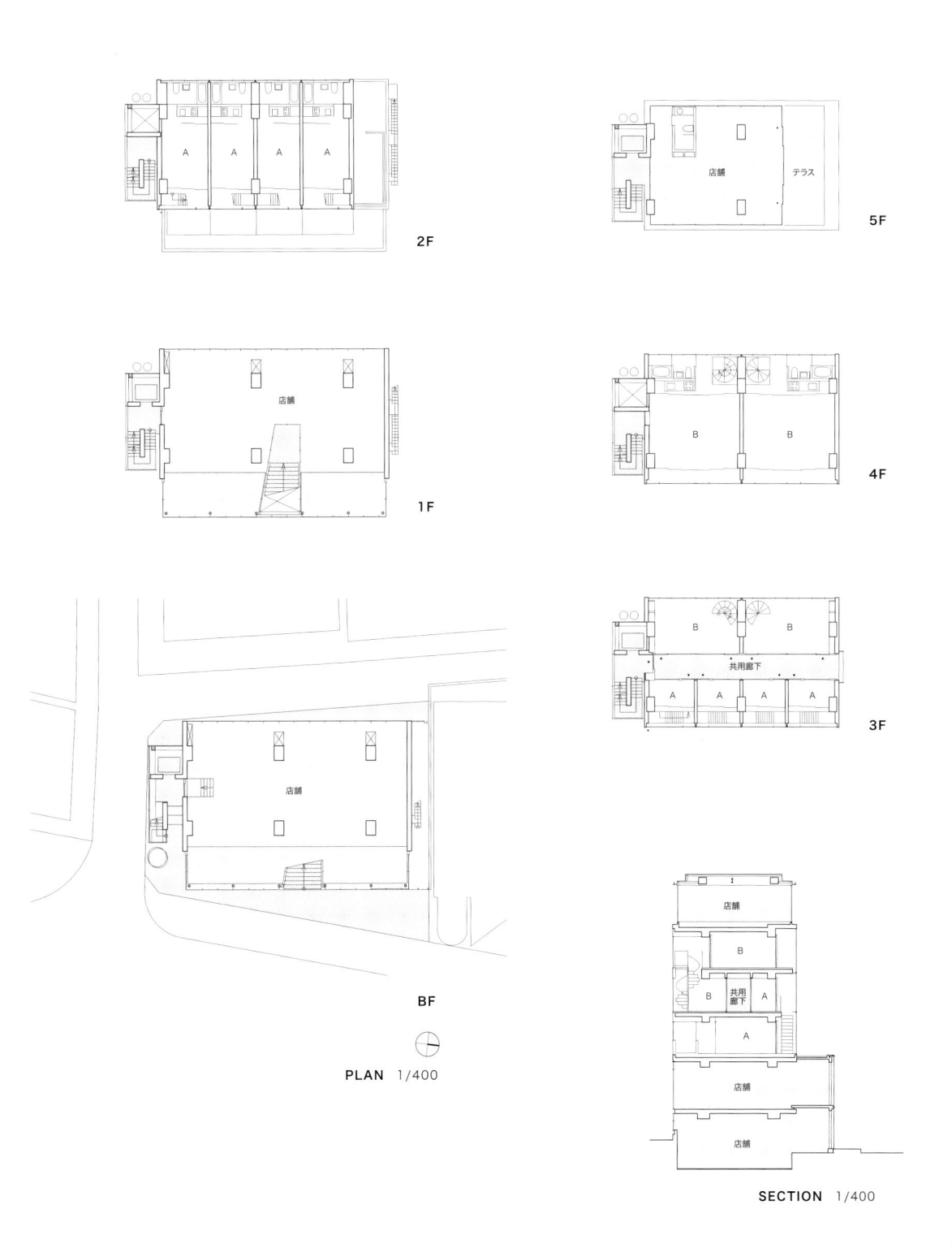

2F

5F

1F

4F

3F

BF

PLAN 1/400

SECTION 1/400

87

2008 04
Klarheit

A住戸2階.室内から縁側のような階段室を見る

階段室から室内を見る

バスルームから室内を通して階段室を見る

2008 04
Klarheit

鳥瞰.商業ビルが混在する住宅地

1/2000

5階テラス

91

2008 06

HOUSE IN KAMAKURA

アプローチ階段から見た外観

鎌倉のスタジオ付住居
住宅を社会化する音楽スタジオ

計画地は、遠くに富士を望む西向きの斜面地。道路からの高低差が9mほどで、東側はゴロタ石積みの擁壁の上にうっそうとした雑木林が広がる豊かな外部環境の中にある。地盤の強度とがけ崩れの可能性を想定して、1階を鉄筋コンクリート造、2階を木造の混構造とした。コンクリートはポンプで圧送できるが、木架構は人力であげることができる小断面の材で構成することにした。

住まい手は演奏家の夫妻で日常的に楽器を演奏するため、二つのスタジオが必要とされた。二つのスタジオは鉄筋コンクリート壁体で囲まれたボックス柱となるような空間構成とし、壁面は角度を調整して不要な音を消すことにした。スタジオは楽器のために常時空調するので自然通風は行わないが、周囲に遮音体としての空気層をつくるために躯体サッシュのガラスで嵌め殺しすることによって、夜間でも大音量が出せる遮音性能を与えている。

一方、2階は週末住居のようにシンプルで、風の抜ける大らかな空間とした。中央に水回りを配置し、その周囲を回遊できるような空間配置としていだが、計画途中で子どもができたため、パネルで寝室を区画することになった。住居は生活の様態と共に変化する。上階の柔らかな生活の場と比べて、仕事場であるスタジオはパブリックな感覚が求められると考えている。スタジオのある1階は住宅に入る前の土間のような開かれた空間で、小さな室内楽のコンサートも催される。

Located on sloping terrain, the project site commands a distant view of Mt Fuji to the west, and on the opposite side is a lush outdoor environment filled with dense groves of trees. The inhabitants are a married pair of professional musicians, a pianist and a violinist, and so their lifestyle requires a piano studio and a violin studio. This is a dwelling in which daily life is combined with work. The two studios themselves are enclosed with reinforced concrete walls that act as box columns, creating a hybrid structure in which the first floor is reinforced concrete and the second floor is a timber structure. With the simplicity of a weekend dwelling, the second floor is a generous space through which the wind may pass.

1/2000

2階バスルームからの眺望

2階リビング 外部の風景を取りこむ単純な木造空間

200806
HOUSE IN KAMAKURA

ゴロタ石積みの擁壁を景色とする1階のスタジオ

2F

1F

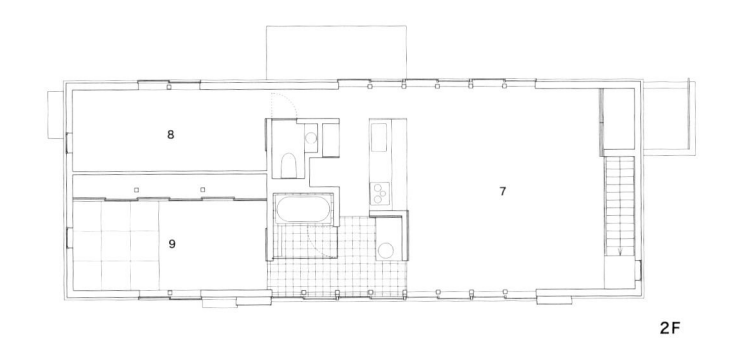

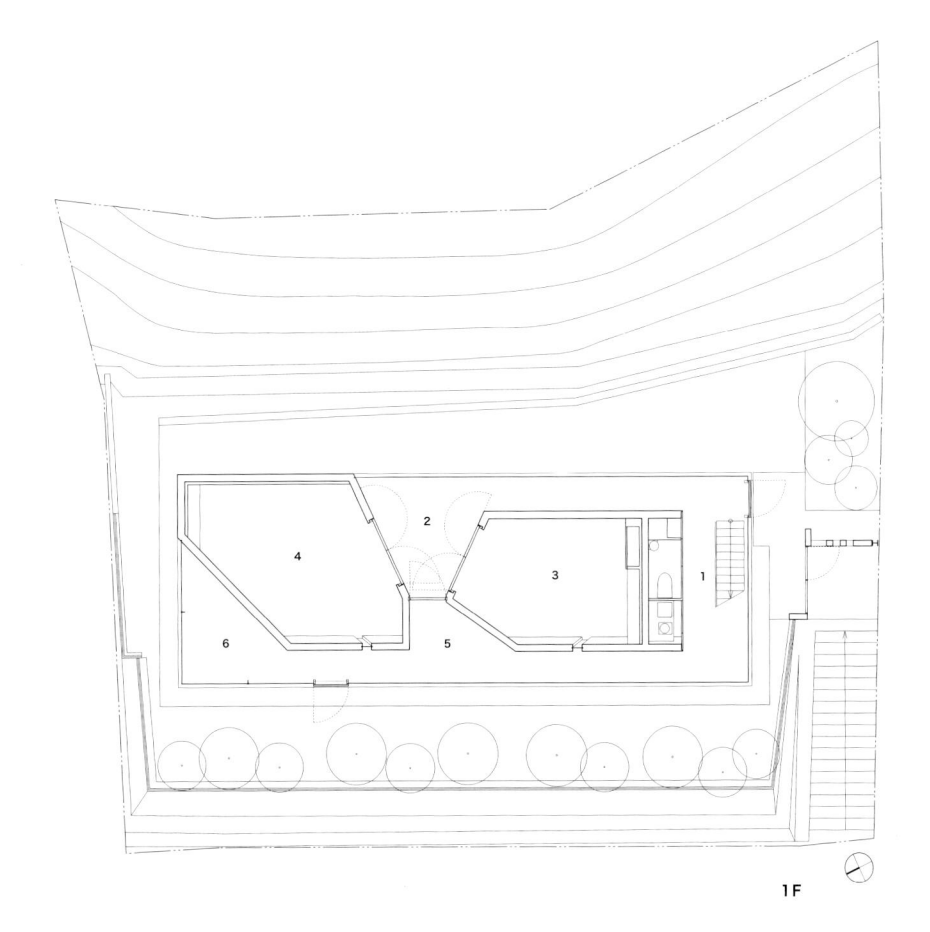

1. ホール
2. ラウンジ
3. スタジオ1
4. スタジオ2
5. オフィスラウンジ
6. ゲストスペース
7. リビング
8. 予備室
9. 寝室

PLAN
1/200

2009 03

HOKUSAI MUSEUM IN SUMIDA competition

公園から見た外観

常設展示室イメージ

企画展▷

墨田区北斎館設計競技案

社会との緩衝体となる地域美術館の提案

墨田区に計画される北斎の浮世絵を展示する美術館の公開コンペである。最終審査の5作品に選出され優秀賞を受賞した。

浮世絵はとてもデリケートなので、保存のためには温湿度、光の管理に気を付けなくてはならない。次の世代にこの文化財をつないでいくためには、美術館自体が完全な環境管理をする保管庫である必要がある。特に借り受けてくる作品を展示する企画展示室は、厳重な保管庫としての性能を要求され、ガラス開口を設けることはできない。一方、常設展示は高度な複製技術で造られたレプリカとなるため、保存のための温湿度や光の管理は必要がない。そこで、空気の循環を活かすために、建物は入れ子のような構成として、閉じた企画展示室をくるむように緩衝領域として常設展示室を設けることにした。この空気環境の緩い常設展示室は作品展示だけでなく、小学校の移動教室、アート系NPOの活動など、地域社会に貢献できる機能も想定した。ここでは美術館という箱物行政の枠を飛び越える新しい社会装置を提案しようと考えていた。

In order to preserve ukiyo-e, which are very fragile artworks, great care must be taken to control temperature, humidity, and light. To pass on ukiyo-e to the next generation, it is necessary for the museum to be like a safety vault with total climatic control. Glass apertures may not be installed in the exhibition rooms. In particular, the temporary exhibition rooms, for works on loan, must perform as robust storehouses. Therefore, the exhibition rooms for the permanent collection contain replicas made using advanced reproduction technology. This removes the necessity for regulating temperature, humidity, and light in the permanent exhibition rooms. Utilizing this difference in the atmospheric environment, the building is composed like nested boxes in which the permanent exhibition rooms act as buffer areas wrapping the temporary exhibition rooms. In the lenient atmospheric conditions of the permanent exhibition rooms the function of exhibiting art may be exceeded, so we have proposed functions that will contribute to the local community, such as elementary school mobile classrooms and NPO art activities. Our idea here was to transcend the administrative frame of an art museum in order to propose a new social device.

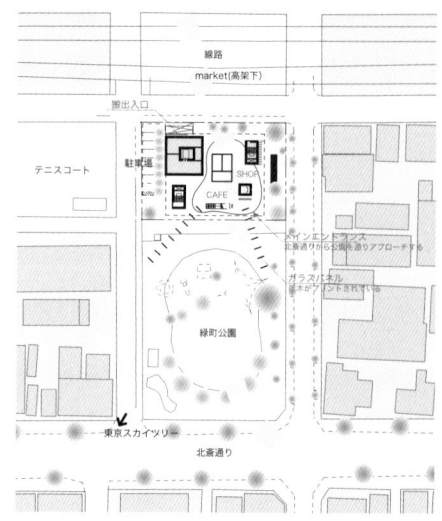

SITE PLAN

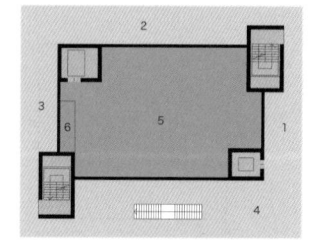

2F 展示フロア
1. 常設展示室4
2. 常設展示室5
3. 常設展示室6
4. 常設展示室7
5. 企画展示室2
6. WC

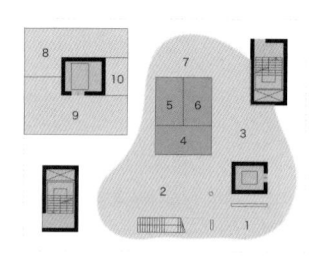

1F エントランスフロア
1. 受付
2. カフェ
3. ショップ
4. ロッカー室
5. 厨房・設備
6. WC
7. 事務室
8. 搬出入室
9. 荷解梱包室
10. 警備室

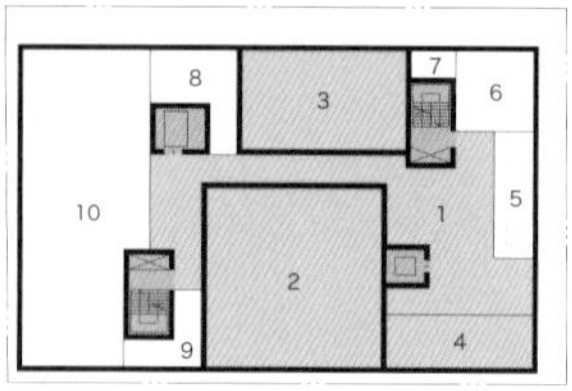

B1F 教育施設フロア
1. ロビー
2. 多目的ホール
3. 講義室
4. WC
5. ドライエリア
6. 事務室
7. ロッカー室
8. 控室
9. 倉庫
10. 機械室

PLAN

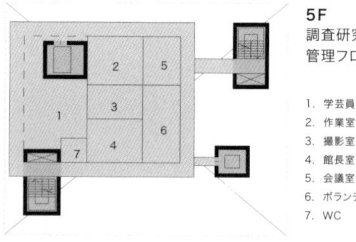

5F 調査研究・管理フロア
1. 学芸員室
2. 作業室
3. 撮影室
4. 館長室
5. 会議室
6. ボランティア室
7. WC

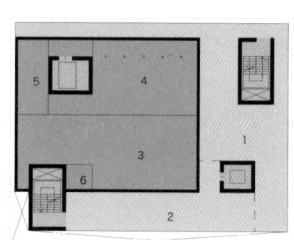

4F 展示・図書室・収蔵庫フロア
1. 常設展示室1
2. 図書室
3. 書庫
4. 収蔵庫
5. 一時保管室
6. WC

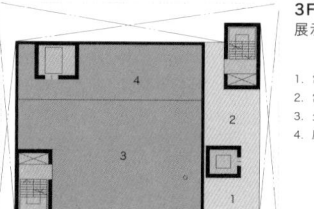

3F 展示フロア
1. 常設展示室2
2. 常設展示室3
3. 企画展示室1
4. 展示倉庫

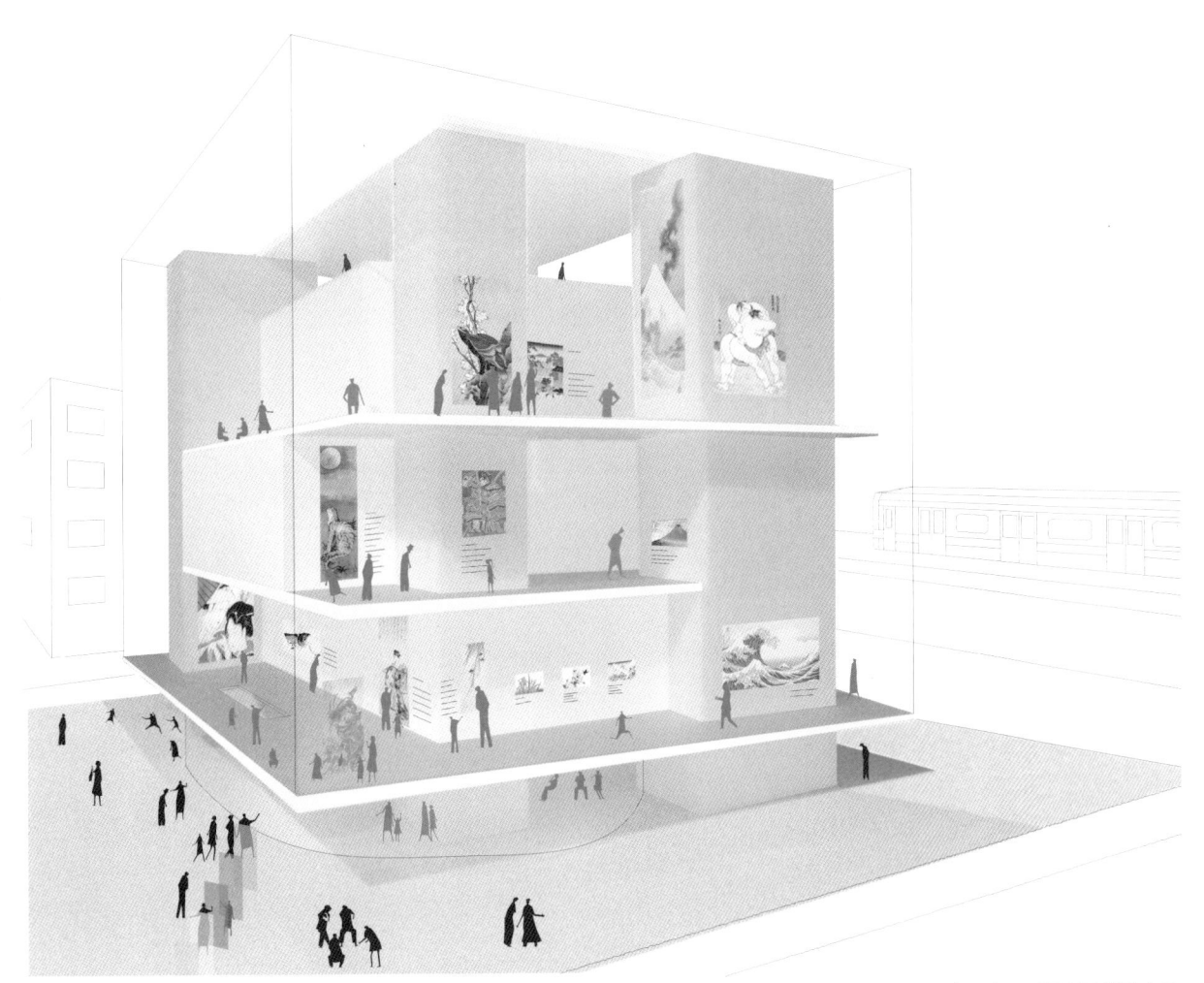

コンセプトモデル.美術館を回遊する経路の中のさまざまな空間で常設展示が行われる

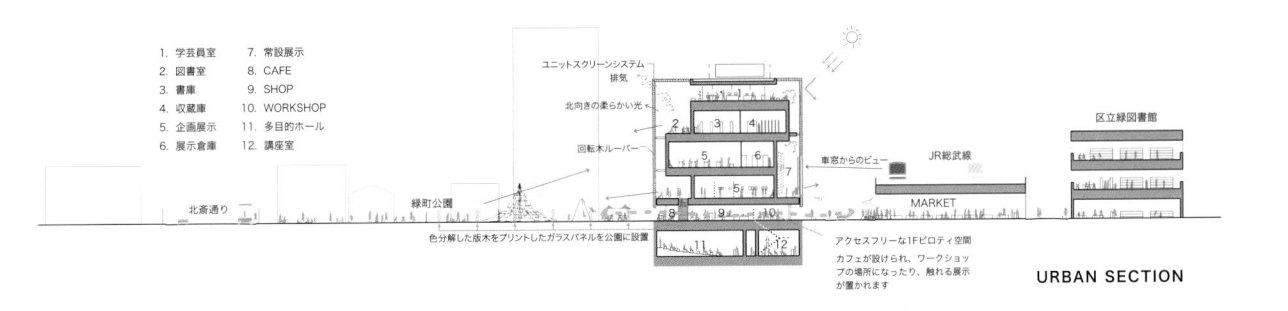

1. 学芸員室
2. 図書室
3. 書庫
4. 収蔵庫
5. 企画展示
6. 展示倉庫
7. 常設展示
8. CAFE
9. SHOP
10. WORKSHOP
11. 多目的ホール
12. 講座室

ユニットスクリーンシステム
排気
北向きの柔らかい光
回転木ルーバー
車窓からのビュー
JR総武線
区立緑図書館
北斎通り
緑町公園
色分解した版木をプリントしたガラスパネルを公園に設置
MARKET
アクセスフリーな1Fピロティ空間
カフェが設けられ、ワークショップの場所になったり、触れる展示が置かれます

URBAN SECTION

99

2009 08

dada house

1階エントランスからギャラリーを見る

dada house
街と空に接続するふたつの空間

計画地は東京郊外の住宅地で、塀に囲まれた戸建て住宅の中にアパートの建て替えが散在している。建主はパブリックアートの研究者。2階は仕事場で、たくさんの本に囲まれた図書館のような落ち着いた空間である。静かに研究活動ができるよう中央に採光通風のための小さな閉じた中庭を設ける空間構成を提案した。ここを通してコントロールされた自然を静かに内部に取り入れている。上下階で明確な生活区画が要求されるために、2階の床は遮音シート下地厚50mmのモルタル仕上げとした。周囲の内壁や造作は光を採り込むようにラワン合板素地仕上げにしている。1階は敷地と密接に関係する空間である。道路側はオフィスまたはパブリックアートのためのギャラリーという設定にしているため、靴のまま使うタタキであり、街に属する空間である。

日本の住宅地でブロック塀は見慣れた風景だ。この境界を表す建築要素を建物の中に置くことで、街との関係を変えようと試みた。通常は道路境界に置かれるブロック塀がセットバックして建物の中に置かれることで、公共的な空間が建物内部に侵入する。そして、そのブロック壁の内側では、既存のブロック塀に囲われた庭がその内部空間と一体になる。そんな意味的操作をどこにでもある住宅地の風景の中に仕掛けている。一戸の住宅がこのようにして街に開かれることで、住宅地の街並みが近隣との関係を結び始めるのだ、と考えている。

This building has a composition in which a box-shaped space is supported on freestanding wooden pillars, like piloti. The second-floor box-shaped space uses a fixed wall-panel assembly comprising an axial timber frame and structural plywood. The client is a researcher on the topic of public art. The second floor office is a calm space, like a library surrounded by many books. By contrast, the first floor is a space that closely relates to the site. In order to act as a street-facing office and a gallery for public art, it has a concrete floor on which shoes may be worn. This is a space that belongs to the town. While having the casual feeling of a wooden building, I want people moving through it vertically to vividly experience the contrasting treatment of the structural walls of the upper space and the freestanding pillars of the lower space.

2階中庭の空

2階ロフト

2009 08
dada house

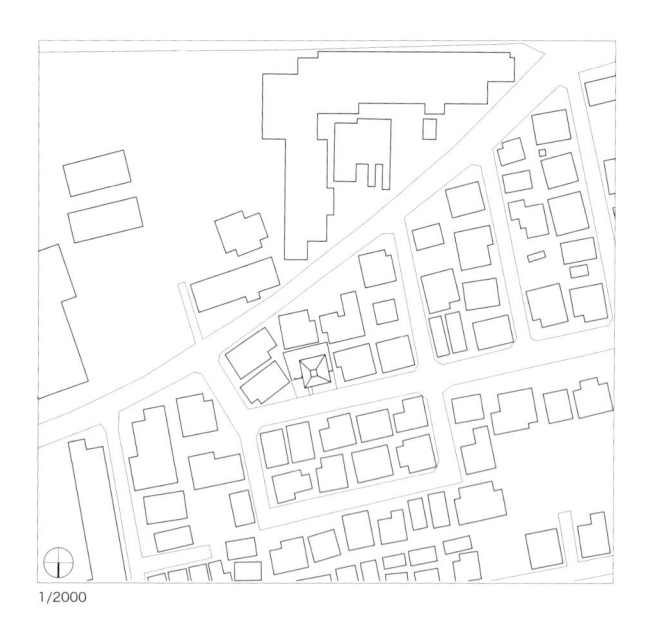

1/2000

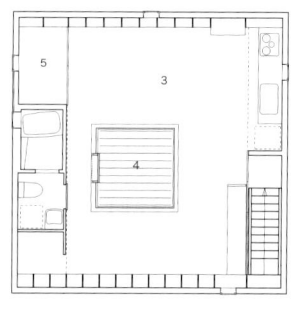

1. ギャラリー
2. ルーム1
3. ルーム2
4. 中庭
5. 収納ベッド

2F

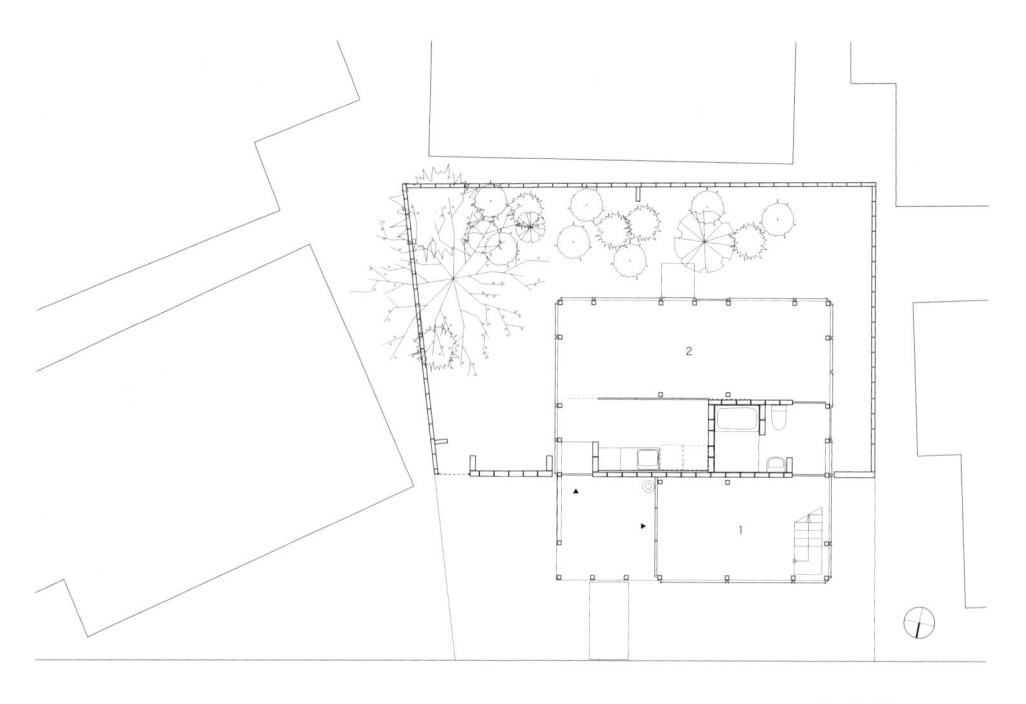

1F PLAN 1/200

正面北側外観.住戸内を貫通するセットバックしたブロック塀.手前がギャラリー,奥が居住スペースとなっている

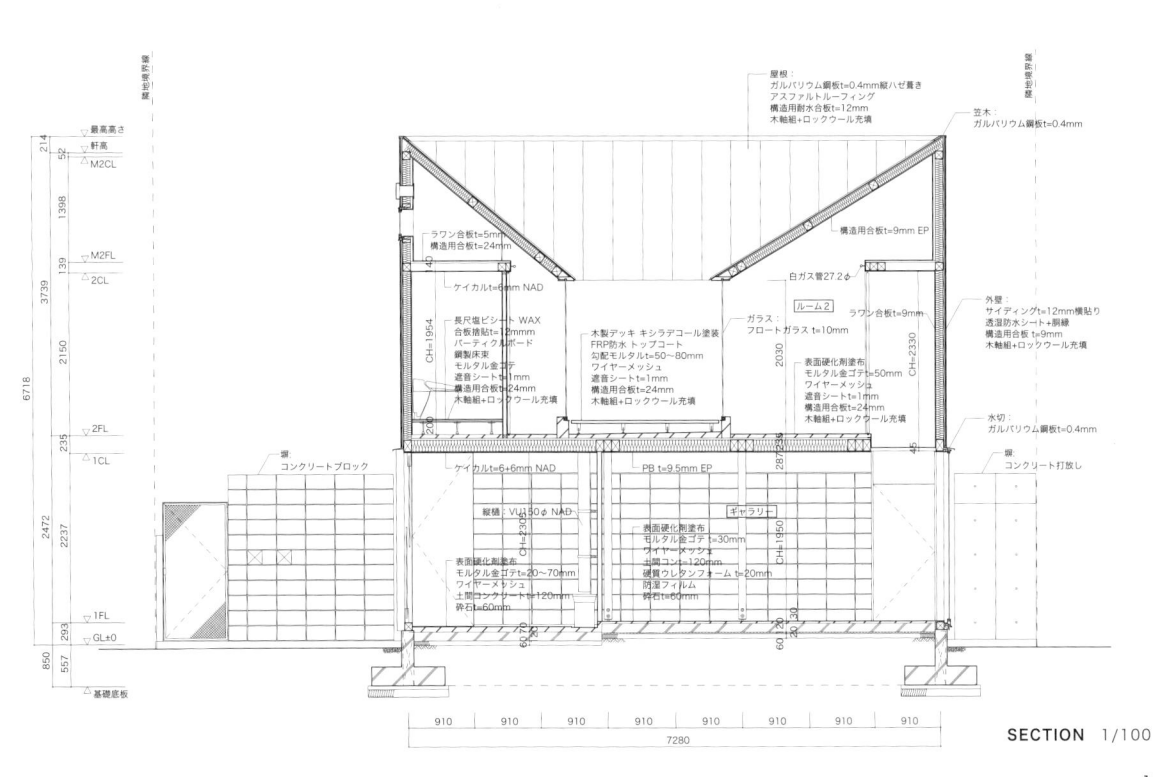

SECTION 1/100

2009 08
dada house

階段から上下階を見る

2階中央のガラスで囲われた光庭

2010 07
YUTENJI APARTMENTS

"家の外の都市の中の家"展(P.126)で展示した模型

2010 07
YUTENJI APARTMENTS

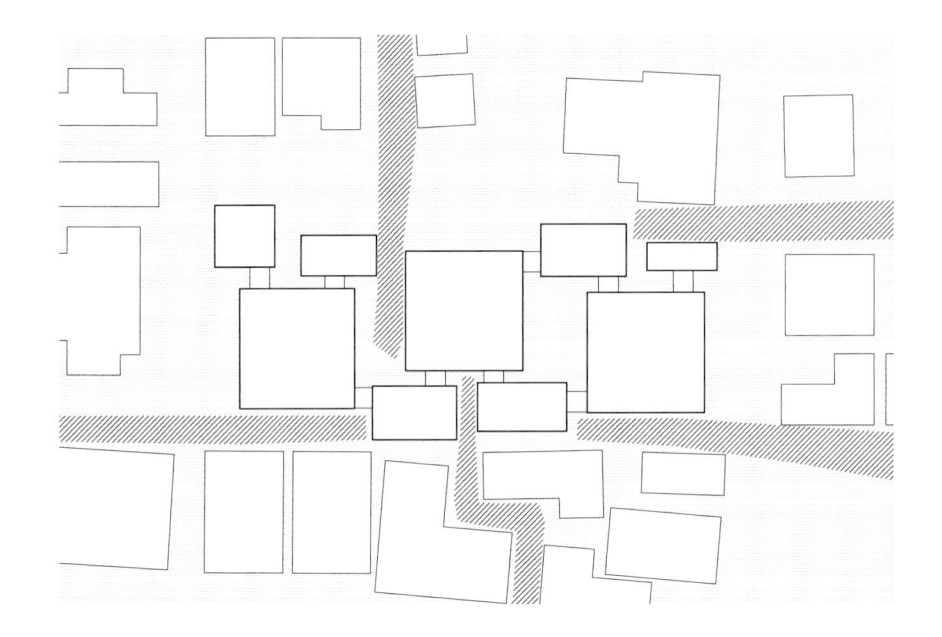

祐天寺の連結住棟
周囲の路地を編み込む集合住宅

計画地は東京のどこにでもある典型的な木造密集住宅地だ。細い路地が交錯し、家と家の隙間のような空地に庭木が植えられている。そこには優しい隙間風が路地に流れ、木漏れ日が窓を巡る。この計画地は町並みの中では大きな敷地なので、周囲のグレインに合わせるように注意深く配置計画を行った。敷地中央には透明なボリュームを3棟配置、敷地境界には周辺の建物や法規に対応するように小さなボリュームを分散配置し、敷地内部に周辺と連続する隙間や空地を引き込み、敷地内外に光と風が流れるようにした。住居ユニットは、バルコニーを介して中央の開放的な空間と敷地周辺の閉鎖的な空間を連結した、スプリットタイプ（離れ付き住戸）である。この連結したユニットは内部での移動距離が大きく、異なる質の空間をもつので、実際よりはるかに大きな空間を体験できる。ユニットの間で視線が交錯するため、互いに生活の気配を感じる。住戸間のプライバシーのレベルを下げ、互いに気配りをしながら生活をすることで、人と人の関係性をつなごうと考えている。さらに、外部空間という所有の曖昧な空間を複雑に貫入させることで、共有する場の感覚を与えようとしている。

この集合住宅ではさまざまな場所で住まい手（さらには近隣）の視線が交錯する。プライバシーとは視線を遮断することであり、コミュニティとは視線が交錯することである。他者の生活の気配を感じ他者に気配りすることによって、近隣という泡の中で生活しているということが自覚できるのだ。

The project site is located in a densely built district of wooden houses. This is a large site relative to the townscape, so the site plan has been carefully arranged to match the grain of the surroundings. Three wings are arranged with a large, generous space at the center, and the places near the site boundary respond to the surrounding buildings and legal restrictions, arranged as if woven together with small volumes that respond to the surrounding alleys and openings. The dwelling unit is a split type (separated units) that uses balconies to link the open space at the center with the closed spaces surrounding the site. These connected units comprise large, adjustable distances and spaces with differing qualities, so they are experienced as far bigger than the spaces actually are. Due to the intersecting sightlines between the units, signs of life may be mutually sensed.

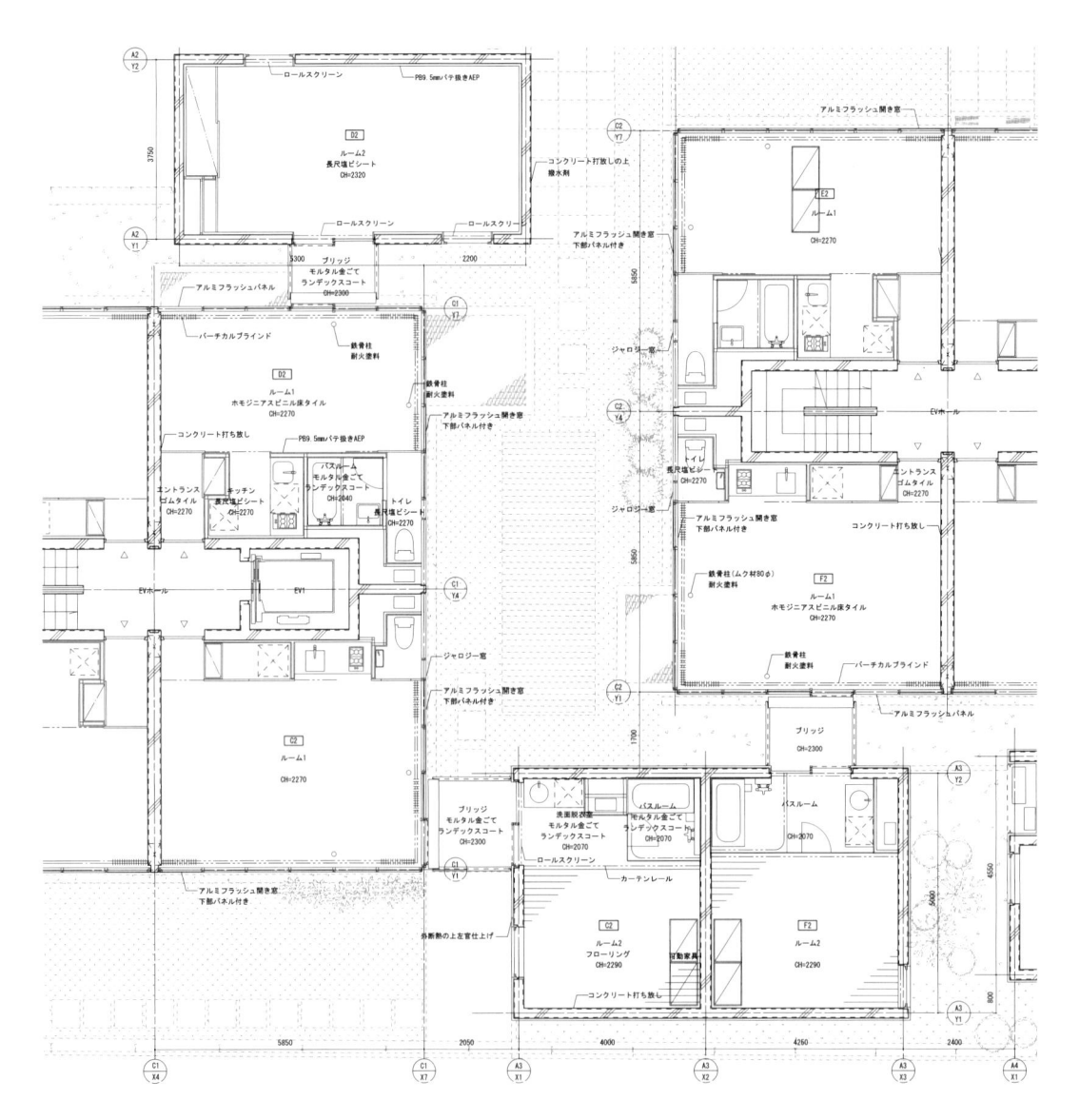

201007
YUTENJI APARTMENTS

2F PLAN 1/150

隙間のネットワーク

2010 07
YUTENJI APARTMENTS

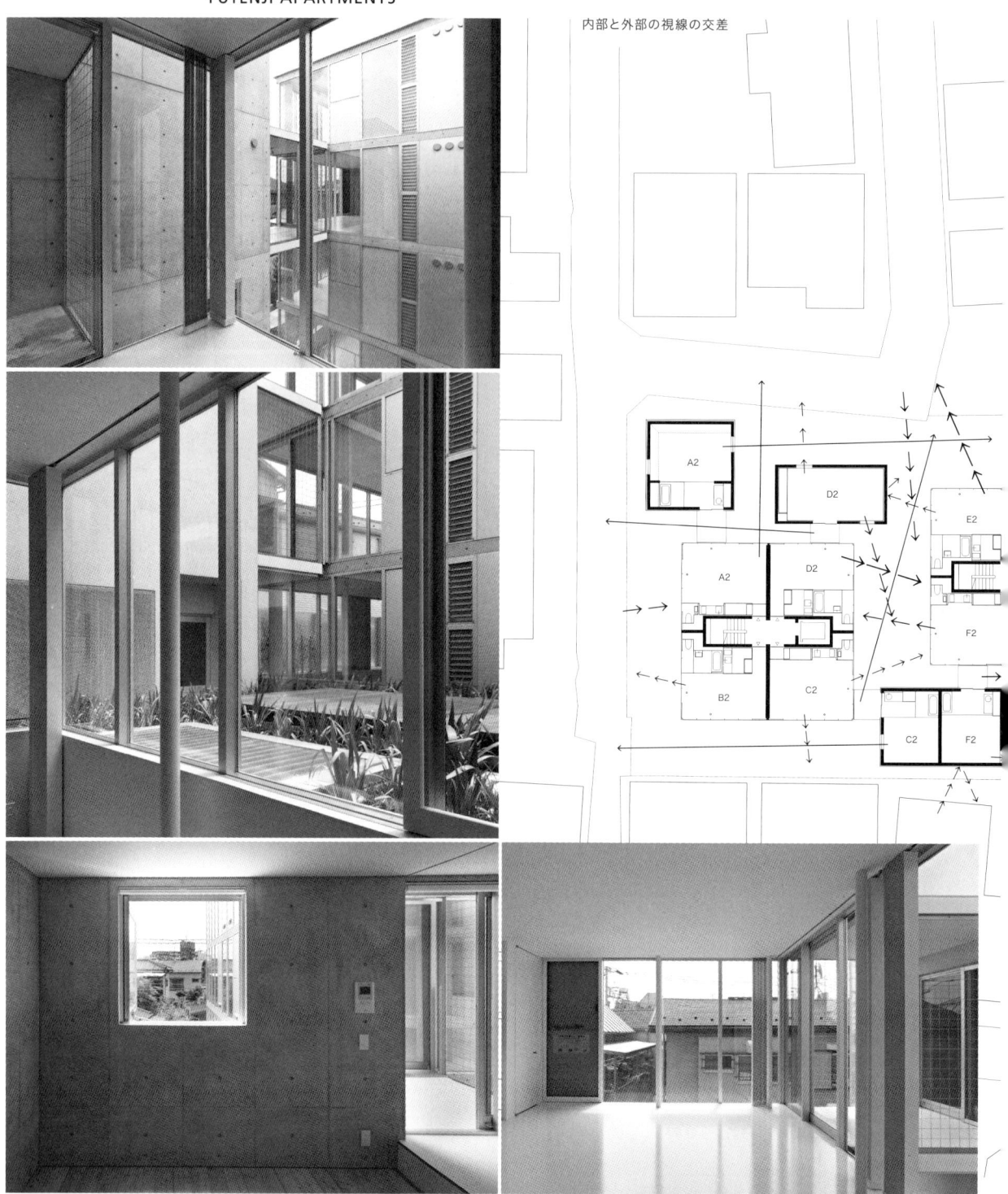

内部と外部の視線の交差

2F PLAN 1/400

113

2010
YUTENJI APARTMENTS

ボリューム配置アクソメ
敷地の内側に中央にアクセスのある透明なボリューム3棟、敷地周辺に周辺建物を配慮しながら閉じたボリュームを6棟配置.
透明なボリュームと閉じたボリュームの連結で住戸をつくっている

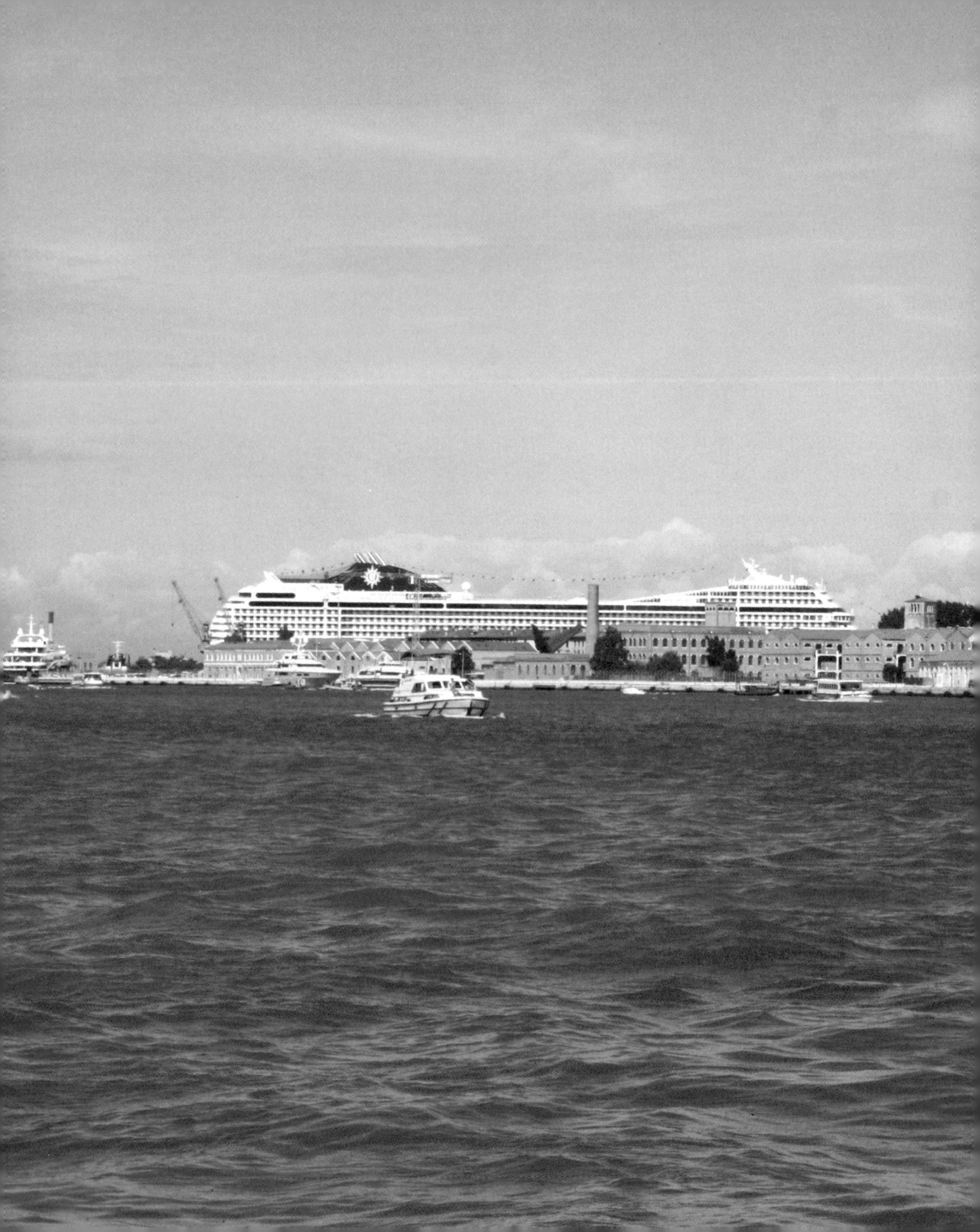

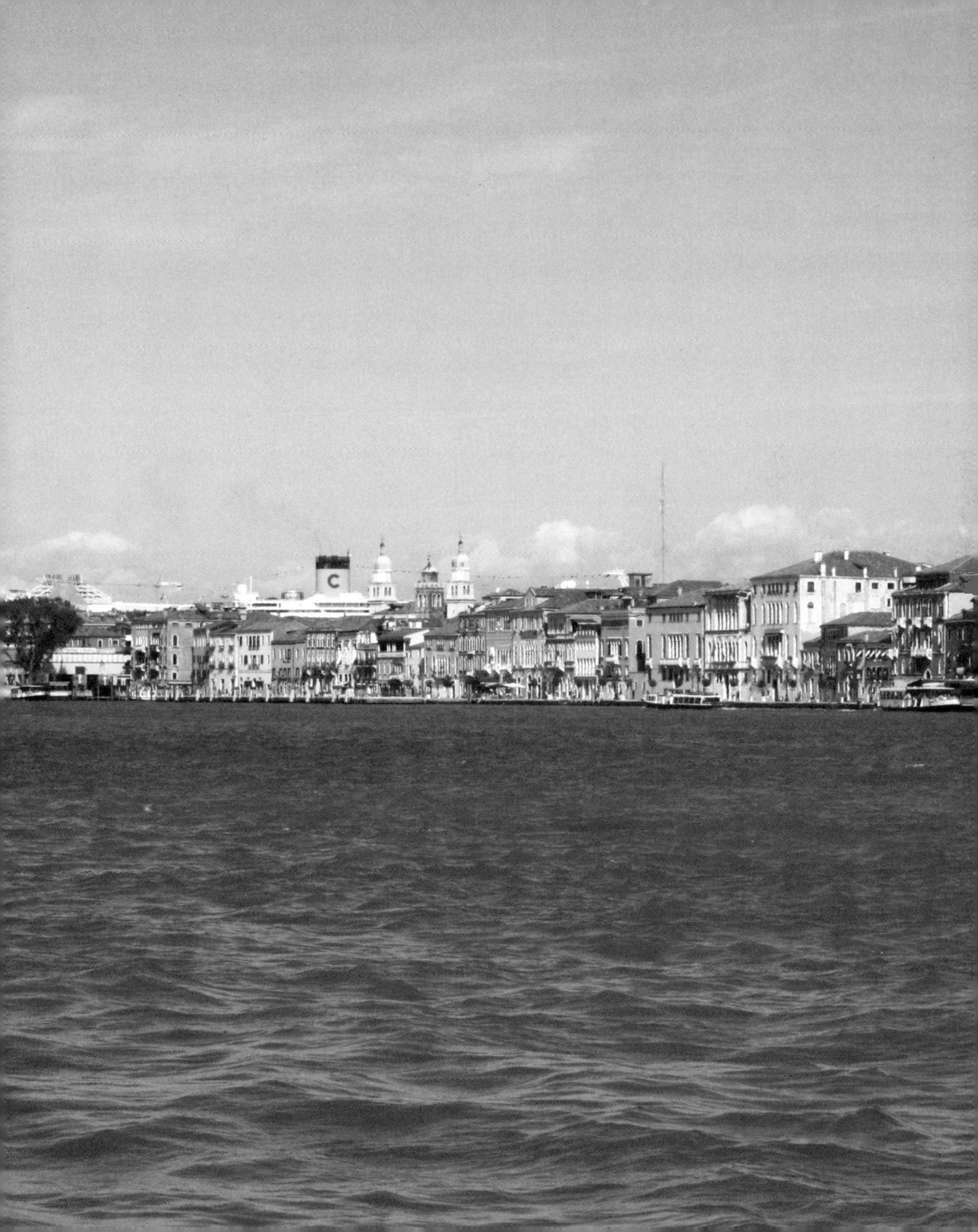

2010 08

TOKYO METABOLIZING 2010

ヴェネチア・ビエンナーレ日本館会場.右から,パリ,NY,東京の航空写真

TOKYO METABOLIZING 2010
FIELD OF AUTONOMOUS, SELF-REGENERATING GRAIN

第12回ヴェネチア・ビエンナーレ国際建築展が開催された2010年は、日本からメタボリズムという概念が発信された1960年から半世紀、50年目という年である。

メタボリズムとは、日本から世界に向けて発信された建築・都市について影響力のある最初のマニフェストであった。それは、都市を機械のように機能部品の置き換えることによって、新陳代謝させるという革命的なアイデアである。しかし、そのメガロマニアックな都市イメージは実際には現前していないが、東京の様相がこの50年間で凄まじい変化を遂げたことを考えれば、メタボリズムによって言語化された概念は静かに進行していたと言える。

東京という都市はヨーロッパの都市に見られる連続壁体で造られる都市構造ではなく、一つひとつ独立した建物（グレイン）の集合体として構成されている。すなわち個体の個別変容が容易に行われるようなシステムが内在しているのだ。現代の東京で生まれている絶え間なく生成変化する独特の建築を観察すると、東京は「新しい建築」、そして都市建築理論を生み出す孵化装置であることがわかる。2008年の金融資本主義経済の大きなクラッシュの後、資本権力のアイコンとしての建築が都市の主役から退場し、生活を支える建築のあり方が問われている。都市とは経済活動の場であるのだが、同時にその都市の大多数を占める主役は生活の場である。そこに立ち戻り、20世紀後半に展開した資本のスペクタクルではない、生活を主体とした静かな都市要素の集積が壮大な都市の変化を創ろうとしている、その変化そのものを表現したい。歴史上存在した、あらゆる都市は何らかの偏在する大きな力（権力）によって形づくられてきた。私たちが眼前にみる生命体のように変化し続ける現代の東京において、これまで出現したことのない、遍在する弱い力（徹底した民主主義）による都市風景が生まれようとしている。それは、私たちが獲得しなくてはならない、環境と共生する都市、そして共同体としての生活を支える建築の姿を指し示しているようにも思える。塚本由晴と西沢立衛は共に40歳代半ばであり、現在の日本の建築状況のエッジを形成する作品および論説を活発に展開している。この二人の建築家は現代の東京という都市状況と反応しながら「新しい建築」、そして都市建築理論を展開している。この二人の建築家の仕事を道案内に、生活を主体とした東京の都市イメージを明らかにしようという企画である。

本展のコンセプトは大いなるインパクトをもって受け止められた、1960年に提示された言説から半世紀たち、再び、日本が世界の建築・都市に関する思想的リーダーとなる可能性を諮る展示でもある。

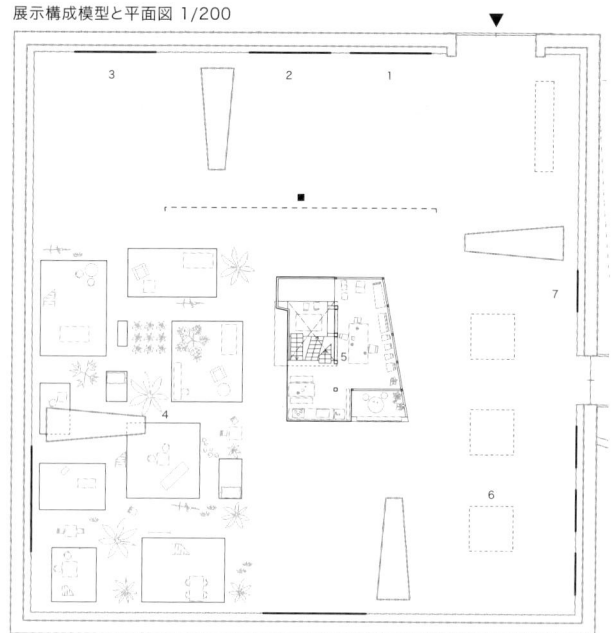

展示構成模型と平面図 1/200

1. City of Monarchism
2. City of Capitalism
3. The Metabolizing City
■ Expanded metal screen
4. Model of "Moriyama House"
5. Model of "House&Atelier Bow-Wow"
6. An Urban Analysis of Tokyo
7. Notes on the Exhibition

"Urban public spaces" are authoritarian devices for suppressing people.
("都市の公共空間"は人びとを抑圧する権力装置である)

ジャルディーニ地区メインストリィトから見た日本館 外壁にテキストを掲げた

パリ / ニューヨーク / 東京

　歴史上存在したあらゆる都市は、何らかの偏在する大きな権力によって形作られてきた。近代の都市も同様である。それぞれ成り立ちは異なるが特異な社会的背景のなかで強大な権力によって形作られる。

　19世紀半ばのパリでは、ナポレオン三世による帝政の強大な権力の下セーヌ県知事であったオスマンによって、ひとつの意思によってコントロールされた壮大な都市空間が1850年代から20年ほどの短い期間に形作られた。

　「オスマンの工事の真の目的は、内乱が起こった場合に備えておくことだった。パリの市街においてバリケード建設を永久に不可能なものにしたかった。それにもかかわらず、二月革命の際、バリケードは重要な役割を演じた。エンゲルスは、バリケード戦における戦術の問題に取り組んだ。オスマンは二つの方法をつかって、バリケード戦の防止に努めた。道路の広さはバリケード建設を不可能にするだろうし、新しい道路は兵営と労働者街とを直線で結ぶことになる。同時代の人々は、彼の事業を『戦略的美化』と名づけた。」　と、パリの貫通道路建設についてヴァルター・ベンヤミンは記述する。そこでは、プロレタリアートの社会的権利に対抗するブルジョワジーの闘争のなかで、都市が政治的手段として形作られる様が見て取れる。

　パリはこの貫通道路が設けられることで、都市の中に〈パブリック〉という空間概念が明示されることになった。この〈パブリック〉を明示する空間装置によって、プライベートな空間は切断され、都市は人々を抑圧する装置として機能しはじめる。パリ・コミューンでは、この〈パブリック〉によって支配される都市空間にバリケードを築いて〈解放区〉と呼ぶ空間を構築する。〈解放区〉のなかで都市の抑圧から解放される私的人間の関係性を確保しようとするのだ。そして、このバリケードの記憶は20世紀半ばのシチュアシオニストに伝わるものであったのかもしれない。そこでは、パリという圧倒的な都市の抑圧から逃避するために、定住を否定して都市を彷徨い歩くしかないと宣言される。このシチュアシオニストが抵抗の相手とし、諦観として受け入れざるを得なかったものは、〈スペクタクル〉と記述される20世紀に巨大に成長した資本権力である。

　20世紀初頭、ニューヨークでは巨大資本家の台頭により、その資本権力を表象するスカイスクレーパーが建設され、1920年代の10年ほどで一気に摩天楼が建ち並ぶ都市風景がつくられる。レム・コールハースは『錯乱のニューヨーク』で、いくつかのエピソードを示しながらマンハッタンがそれぞれ冠をかぶった摩天楼で埋め尽くされる過程を紹介している。そこでは資本主義が属性としてもつ無限増殖のオートマティズムによって、資本の都合の良いようにボリュームが操作される様が描かれる。ニューヨークは街区ごとに巨大建物が構想できるゲーム盤のようなグリッドシステムが存在し、経済の最大効率を求める物質運動が行われる。それはあたかも都市は資本主義というゲーム盤の上で造られるようである。そしてそこには人間の存在は記述されない。

　21世紀の東京では、イデオロギーが終焉し権力が無力化した空間のなかで、遍在する弱い力（徹底した民主主義）による新しい都市風景が生まれようとしている。世界の巨大都市のひとつである東京は、小さな土地に細分され、約180万という所有者に分割されている。それぞれの土地には建築規制がかけられているが、そのルールさえ守れば土地の所有者には自由に建物をつくる権利が与えられている。その小さく細分して所有されている土地のほとんどは生活を営む住宅なので、ライフサイクルに対応して建物は増改築が行われ変化する。だから、東京の建物の寿命は26年しかない。ヨーロッパの都市は人間の生命スパンを超えて存在するため、都市空間は実体として認識され、人には変化は感じられないのであるが、東京では数十年もすると風景を構成する建物はほとんどすべて変化してしまう。数十年の時間を経た東京は、同じ場所であってもそれは幻影のように実体が感じられない都市なのだ。

　東京には〈パブリック〉という概念は存在しないようにみえる。土地の大部分は、小さく区分所有される私的な生活空間で埋め尽くされている。その住宅地のなかでは、誰でもが交通できる空間と私的な空間が相互に浸透し、最もプライベートな空間のなかに公から視線が通ることが日常的に存在する。この錯綜する視線があるために西欧における〈プライバシー〉という概念は成立しなかったのだが、その代わり気配による人間関係の調停という作法が存在する。この互いの存在を意識する人間の関係性とは、共同体であることが確認された人々の間だけで行えるコミュニケーションである。それは、19世紀のパリでバリケードによって獲得した〈解放区〉なかにも存在していたものかもしれない。

　現代の東京が生命体のように変化し続けるのは、細分化された土地所有によって変化しやすい都市構造をもつからであるが、そのため公私の区分は構造化されていない。加えて、温暖なアジアモンスーン気候に位置することで、外部空間での活動が心地よい。そのため、内外の空間が相互に貫入し、日常生活が公的な空間に浸透している。このような都市状況を自覚的に意識し、そして、それを空間の操作対象とする〈新しい建築〉が出現しつつある。その建築は20世紀の都市が破壊してきた〈共同体意識を産む場所〉を再生し、人々が主体的に集まって住むという根拠を示す可能性をもつと考える。「東京」という都市はこの〈新しい建築〉によってゆっくりと姿を変え始めている。そこでは、巨視的に見れば多数の個別の意思が参加しながら全体としての最適解を得る見えないシステムが存在しているようにも思える。

　現在中国では中央政府の巨大な権力のもとで、19世紀のパリの大改造を凌駕する都市改造が多数の都市で行われており、そこでは一千万人を超える巨大都市が新たにいくつか出現するといわれている。また巨大な石油資本を背景に、金融資本の活動を目的にして砂漠のなかに忽然と創られた都市が存在する。21世紀は大きな文明の転換期を迎えているように思えるが、その文明は様々な都市群が支えるであろう。東京はその現代都市の選択肢のひとつを示している。そして、21世紀の文明に対応する〈新しい建築〉はこれらの都市のありかたによって定義されるのだ。

―『TOKYO METABOLIZING』（TOTO出版より転載）　2010年

Paris / New York / Tokyo

Every city in history was shaped by an uneven distribution of tremendous political authority. This is no less true of modern cities. The overall form might differ from city to city, but its creation through power in each particular set of social circumstances is very much the same.

Under the imperial rule of Napoleon III, Paris was transformed into a grand urban space over the short span of 20 years beginning in 1852 according to the concepts of the Seine prefect Georges-Eugène Haussmann.

Walter Benjamin, explaining the construction of the city's road network, wrote, " The true goal of Haussmann's projects the erection of barricades in Paris impossible for all time. With the same end in mind, Louis Philippe had already introduced wooden paving. Nonetheless, barricades played a role in the February Revolution. Engels studies the tactics of barricade fighting. Haussmann seeks to neutralize these tactics on two fronts. Widening the streets is designed to make the erection of barricades impossible, and the new streets are to furnish the shortest route between the barracks and the workers' districts. Contemporaries christen the operation 'strange embellishment.' " As this passage indicates, the formulation of the city can be seen as a political measure to aid the bourgeoisie in their struggle against the social authority of the proletariats.

Creating a network of roads led to the emergence of a "public" as a spatial concept in the city. This approach severed private space from public and made the city function as a device to suppress people. Erecting barricades in urban spaces that were controlled by "public" entities, the Paris Commune created a so-called "free zone." Within this zone, an attempt was made to maintain personal relations without pressure from the city. It was perhaps the memory of these barricades that inspired the Situationists in the mid-20th century. According to them, the only way to escape overwhelming urban pressure was to refuse to take up permanent residency and roam the city. The main target of the Situationists' resistance was the "spectacle," or advanced capitalism, which as it grew stronger in the 20th century created a sense of resignation.

With the rise of powerful capitalists at the beginning of the 20th century, skyscrapers began to be built in New York as a symbol of financial power, and within the decade of the 1920s, the urban landscape was suddenly transformed by rows and rows of these tall buildings. In his book *Delirious New York*, Rem Koolhaas explains in a variety of instructive episodes how Manhattan came to be overrun with skyscrapers. Among these, he shows how volume was manipulated to satisfy the demands of capitalism through the automated response of unlimited proliferation (one of the attributes of capitalism). In each section of New York, a grid system was created to house huge architectural structures and conduct activities intended to produce the greatest economic effect. It was as if the city had become a game board of capitalism—without any regard for the lives of human beings.

By the 21st century, ideology was dead and authority nullified in Tokyo, as a new urban landscape emerged through the ubiquitous presence of low-grade power (total democracy). One of the world's largest metropolises, the city has been sub divided into smaller and smaller plots of land that are divided between approximately 1.8 million owners. Each plot is subject to a variety of building regulations, but as long as these rules are obeyed, the owners have the right to build any type of structure they desire. Nearly all of these plots serve as houses for daily life, and the structures constantly change through alterations and extensions based on the owner's life cycle. As a result, the average life span of a house in Tokyo is a mere 26 years. In European cities, urban spaces are thought of as concrete entities that meant to exist far longer than people's lives, and change is something that people aren't readily aware of. But in Tokyo, the structures that form the landscape are likely to be completely different in just a couple dozen years. Even though the place might the same, Tokyo is a city in which entities only exist as phantoms.

The concept of "public" seems to be nonexistent in Tokyo. The majority of the land is filled with narrowly segmented, privately-owned living spaces. In these residential areas, spaces that anyone can pass through blend together with private spaces, and many of the most privates spaces allow a clear line of sight from the outside. Due to this complicated line of sight, the Western concept of "privacy" has never taken hold. Instead, there is a code of behavior in which human relations are mediated through a sense of presence. These relationships, in which people remain aware of each other's existence, is a form of communication that could only be conducted between people in a recognized community. This situation seems similar to the "free zone" that was created using barricades in 19th-century Paris.

The reason contemporary Tokyo continues to evolve like a living organism is that its urban structure lends itself to change on the basis of subdivided land. But because of this, there is nothing that divides things into public and private. In addition, as the city is located in a temperate monsoon climate, it is comfortable to live in external spaces. Thus, inside and outside spaces penetrate each other, and daily life permeates public spaces. A subjective awareness of these urban conditions, and a "new architecture" to manipulate these spaces is currently emerging. This architecture is revitalizing "places that produce a community awareness" which were destroyed by the 20th century city. It also has the potential to indicate places in which people might voluntarily gather to live. Through this "new architecture," the city of "Tokyo" is slowly beginning to change shape. On a macroscopic level, there seems to be an invisible system, which, while incorporating numerous distinct concepts, provides an optimal solution.

In China today, under the huge authority of the central government, urban restructuring projects that far surpass the makeover of Paris in the 19th century are currently underway in countless cities, and several gigantic cities with populations of over 10 million people have emerged as a result. In addition, using huge oil revenues, cities have suddenly been created in the middle of the desert for the purpose of various financial activities. Though the 21th century promises to be a major turning point in human civilization, that civilization will continue to support a variety of cities. Tokyo presents one type of future for the contemporary city. And the "new architecture" that corresponds to 21st-century civilization will be defined by the conditions in this and other cities.

— *TOKYO METABOLIZING* (TOTO Publishing), 2010

2010 08
TOKYO METABOLIZING 2010

125

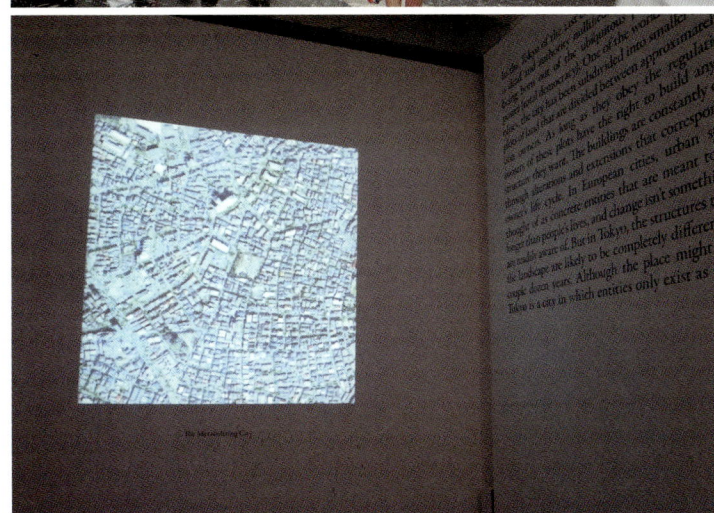

"家の外の都市の中の家"展
ヴェネチア・ビエンナーレ国際建築展日本館の帰国展

この展覧会は、2010年に開催した第12回ヴェネチア・ビエンナーレ国際建築展日本館の帰国展である。ヴェネチアで展示した「TOKYO METABOLIZING」では、絶え間なく生成変化を続ける東京という都市を、生命体のような現象としてとらえた。そこでは、国家や資本を表象する東京の中心部を構成する建築ではなく、生活を支える周辺の木造市街地の中で生成している小建築に注目している。ヴェネチアではコミッショナーの作品展示はできなかったので、アトリエ・ワンの〈ハウス&アトリエ・ワン〉と西沢立衛の〈森山邸〉を展示したが、帰国展では、私の〈祐天寺の連結住棟〉も加えた。

これら三つの建築は、共に東京の木造住宅が建ち並ぶ地区に計画され、その周辺を受け入れつつ、何か関係をつくろうとする建築である。世帯人数が2.0に近付く東京で、その新しい家族形態を受け入れ、少人数の家族が互いの関係をつくる空間の可能性を示している。これらの住宅では、プライバシーを優先して周囲との関係を閉ざすのではなく、積極的に外部との交流を生み、そして互いに気配りをする関係をつくりだしている。人々はこのような空間に誘導されて、共に生きているという意識をもつことができるのだと考えている。これらの建築は、生成変化を続ける東京という都市の中で、生活を中心とした空間から都市の在り方を指し示す可能性をもっているのだ。

東京は人間のための都市に向けて変容していけるのだろうか。

"house inside city outside house"

This exhibition returns to Japan after first being held in the Japan Pavilion at the Venice Biennale's 12th International Architecture Exhibition in 2010. In that earlier exhibition, titled "TOKYO METABOLIZING", the city of Tokyo, the form of which is constantly changing, was seen as a living organism. And rather than focusing on the architecture that makes up the center of the city as a symbol of the state and capital, we turned our attention to the small buildings that have been created in belts of wooden houses in the surrounding area that support people's living. In Venice, we displayed information on Atelier Bow-Wow's House & Atelier Bow-Wow and NISHIZAWA Ryue's Moriyama House, and in this exhibition, we are adding our Yutenji Apartments.

These three buildings were all designed for sites that are lined with wooden houses in Tokyo, and are examples of architecture that while accepting their surroundings, attempt to create some kind of connection. In Tokyo, where the size of the average household has fallen to under two people, these works indicate the potential for a space which, through the acceptance of this new familial form, enables small families to form relationships with others. Instead of giving priority to privacy and closing off its surroundings, this type of residence leads to positive exchanges with the outside world and creates relationships in which people are considerate of each other. By entering this type of space, we believe that people will develop a greater awareness of living together. In the constantly evolving form of Tokyo, these buildings have the potential to change from spaces that center on daily life into an urban lifestyle.

Tokyo seems to be in the process of changing into a city that is meant for people.

"祐天寺の連結住棟"の縮尺1/50の周辺模型を壁面に展示

2010 11

OTM

OTM
都市広場にたつ建築

麻布十番の「パティオ十番」と名付けられた広場は、日本では珍しいヨーロッパの街角の雰囲気をもつ広場である。しかし、都市計画上は広場ではなく、幅員25mほど、長さ45mほどの短い道路として扱われている。この不思議な道路は25年ほど前に現在の形に整備され、今では商店街の中心的な場所である。この広場を囲む建物は10棟ほどあるのだが、一敷地一建物という日本の法律がかかっているので、それぞれの敷地にそれぞれの都合で勝手ままにつくられている。ヨーロッパの連続壁面で囲まれる広場とは決定的に異なる。

この建築はこの街にとって重要なこの広場の一角を占める ことになる。そのコンテクストが、この建築のありようを決定している。計画敷地は82㎡ほどの小さなものであるが、商業地域であり前面道路幅員が大きいためエンベロープには制限がない。街並みの中で突出してしまう上部2層のペントハウス部分をSRCの構造体から鉄骨造の組柱に切り替え、本体から遊離した付属物のように扱っている。このペントハウスはオーナー住居なのだが、壁面をセットバックさせ外壁にガラススクリーンを建てて、その存在を消去しようとしている。広場に連続する1階は、5mを超える天井高をもつ都市に属する空間である。中間層は匿名的な素材を用い、広場に向かって隣接するジェネリックな建物に連続するボリュームをつくろうと考えた。都市組成に参加する操作が都市の骨組みを標示することになるのだ。

広場に開かれた1・2階テナントスペース

南西から見た全景.街並みから突出した上層階をガラススクリーンで覆い,存在感を抑えている

This building occupies one corner of an important square in this neighborhood. Projecting into the townscape, the upper level two-story penthouse is treated like an appendage isolated from the main body, changing from a steel-reinforced concrete structure to a steel frame structure. A glass screen has been built around the recessed exterior walls, in an attempt to erase their presence. With a ceiling height of more than 5m, the first floor is a space belonging to the city, continuous with the square outside. The middle floors use anonymous materials, and were conceived as a volume continuous with the adjacent generic buildings facing the square. These operations participate in the composition of the city, and become a manifestation of the urban fabric.

1/1000

129

2010 11
OTM

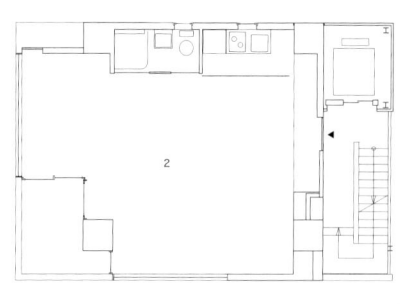

基準階

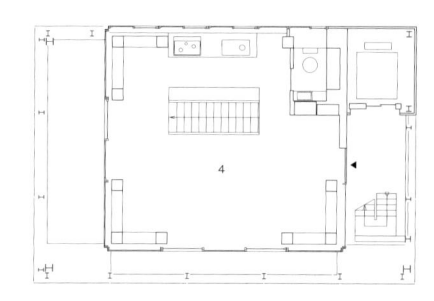

8F

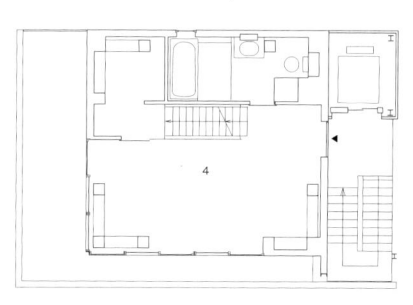

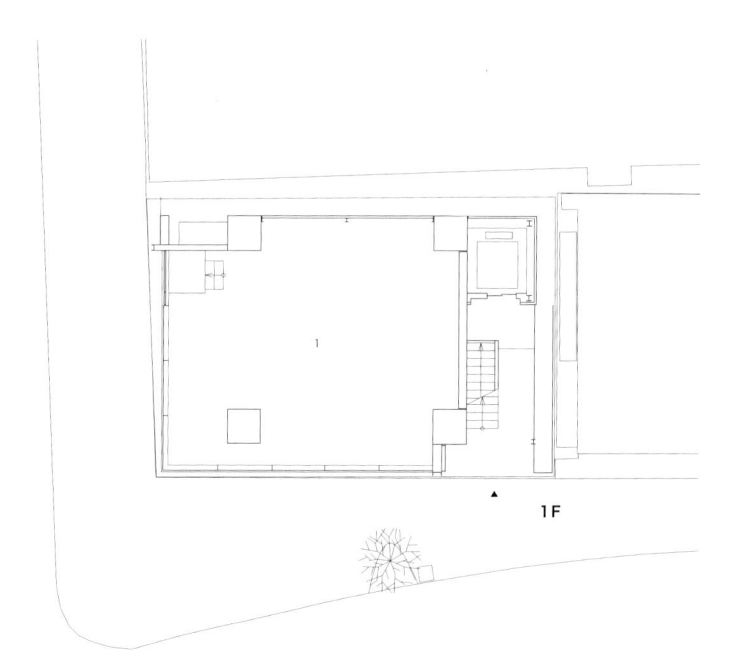

1F

7F

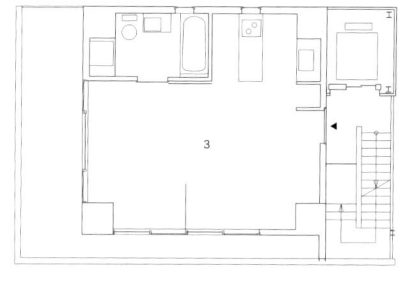

6F

1. テナント
2. 住戸 A・B・C (賃貸)
3. 住戸 D
4. 住戸 E

PLAN 1/200

SECTION 1/200

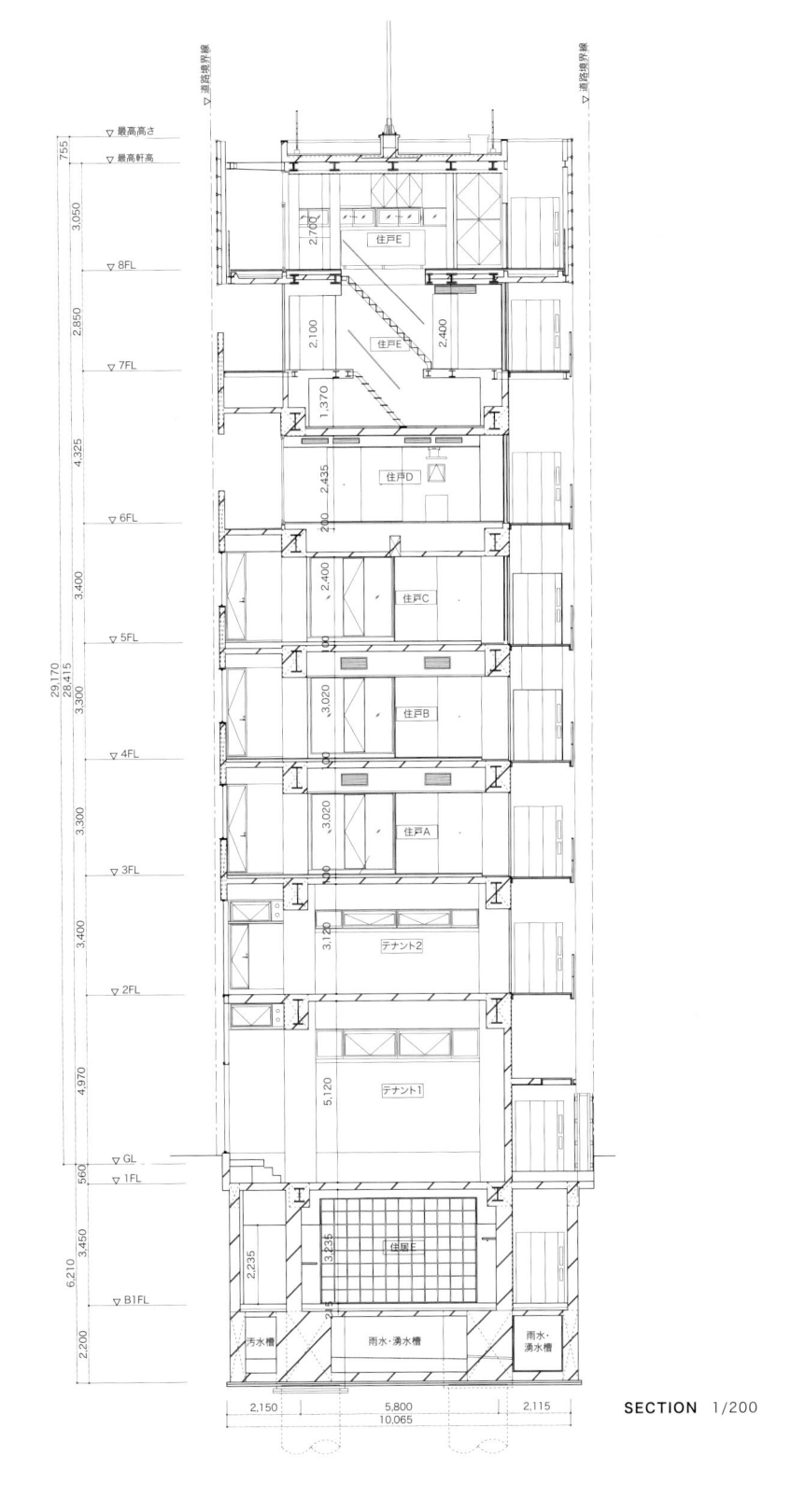

201109

TOKYO URBAN RING -MACHIYA PROJECT-

TOKYO URBAN RING 町屋プロジェクト
東京の未来都市ビジョン

2011年の秋に行われたUIA東京大会で「Tokyo2050」という東京の2050年の未来ビジョンを提示する展覧会に招待された。そこで東京に環状に存在する木造密集市街地（木密リング）の都市組織を、未来型の居住都市に生成変化させるプロジェクトを提出した。それは、巨大なインフラではなくローカルなインフラや小さな空間的手立てによって「都市を誘導する」という計画手法である。現在、巨大災害、空家率など東京都の重大な都市問題エリアである木造密集地域整備事業対象地区を、新しい都市の環境単位として再生する可能性を検証するものである。

たとえば、細街路に車の侵入を排除することによって道路をコモン（共有地）の領域に参入し、土地を所有するのではなく使用するという概念を形成する。道路に接道していない宅地に共用の垂直動線や防火用水などの生活インフラを設けて周辺の宅地の共同建替えを誘導する種地として計画する。この共同建て替えによってグレインを変更させ、敷地境界ではない外部空間の新しい使い方を導入する。そこでは、心地よい戸外生活が営まれる共用の豊かな外部空間をもつ新しい生活ユニットが構想できるであろう。さらに、変換のインセンティブを与えるマネージメントにも言及しなければならない。そして、当然のことながら、この都市ではエネルギーの使用レベルを圧倒的に下げるインフラを構想しなければならない。東京を経済を中心とした都市から、生活を中心とした都市へ変換するための単位空間を開発している。

I presented this vision of a future Tokyo at the 2011 UIA Tokyo Congress. There, I introduced a project to transform the densely built-up areas of wooden construction buildings that ring Tokyo today into a future-oriented residential city.
The planning approach taken is to induce the development of a city through the improvement of local infrastructure and the adoption of small-scale spatial measures. The project is an attempt to test the possibility of reviving major problem areas in Tokyo--areas congested with wooden construction buildings--and turning them into new units of the urban environment. For example, the installation of shared infrastructure for everyday use such as vertical circulation routes and water systems for fire-fighting use on hemmed-in lots that do not front on any street can promote joint rebuilding on surrounding sites. Such joint rebuilding efforts can change the grain or density of construction and help introduce new ways of using exterior spaces. New units of habitation--with diverse exterior spaces for shared use that make pleasant outdoor activities possible--can be conceived.

2011 09
TOKYO URBAN RING -MACHIYA PROJECT-

遅いモビリティが人の出会いを多くする
1

自動車を前提とした都市構造から歩行者や公共交通を主体とする社会へ移行する。カーシェアリングやレンタサイクルなどが整備され、個人用の電気自動車など多様な移動手段が用意される。自動車のために過剰に整備された道路は、人間のための空間に変換される。

防災のための空間が日常生活を支える
2

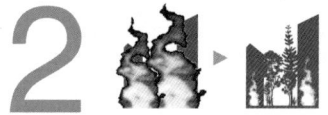

災害時の緊急車両が進入できる道路の確保だけではなく、個別の建物自体の耐震耐火構造への建て替えや自助消火設備をもつことで防災の強い地区をつくる。小さな空地や路地に日常生活を豊かにする庭や樹木を植え、それを連鎖させることで延焼を防ぐ。

ローカルなシステムが身近なネットワークをつくる
3

近隣商店街という流通のローカルシステムは商品を媒介してコミュニティを支える。さらに、巨大なエネルギーインフラをコジェネ、燃料電池発電、またはゴミ発電などのローカルなシステムに変換することで、エネルギーを根拠とするコミュニティ単位が生まれる。

新しい家族のかたちが共同体を組織する
4

核家族に対応する住宅は世帯人数の減少、家族形態の多様化の中で一家族一住宅のシステムが変容する。コレクティブハウス、シェアハウスなどの新しい集合形式が用意される。それは豊かなコモンの空間を内在しており、新しい共同体のための空間が形成される。

高度な用途混在が生活圏をコンパクトにする
5

情報技術の進化によって人々の働き方が変わり、産業構造も変化する。機能別に区分されたゾーニングではなく生活の場と働く場が混在することが可能になる。移動のための空間と時間は縮小される。異なる機能が混在することを支える緩衝の空間が重要な都市要素となる。

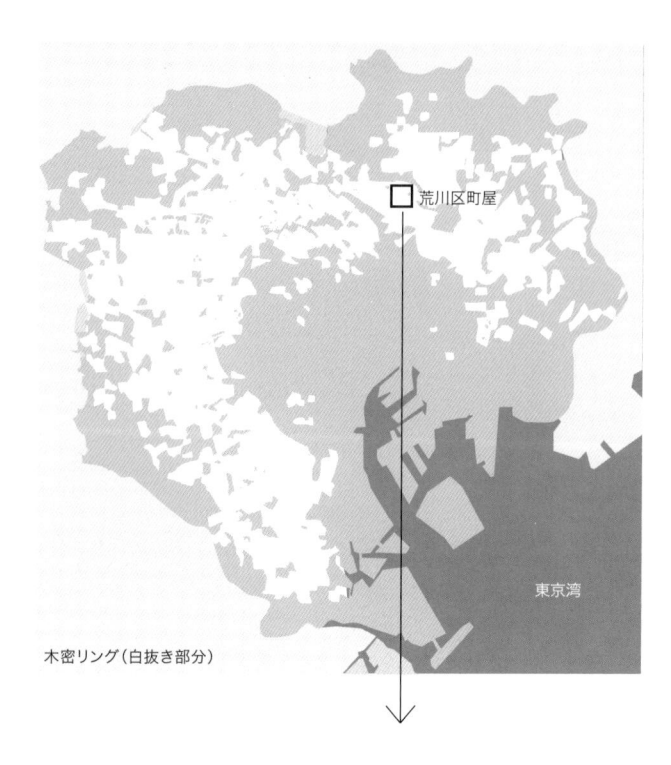

荒川区町屋

東京湾

木密リング(白抜き部分)

■ 未接道の既存家屋

建築基準法では敷地が接道していないと建築することができないため、建て替えが進まない。

路地核の提案

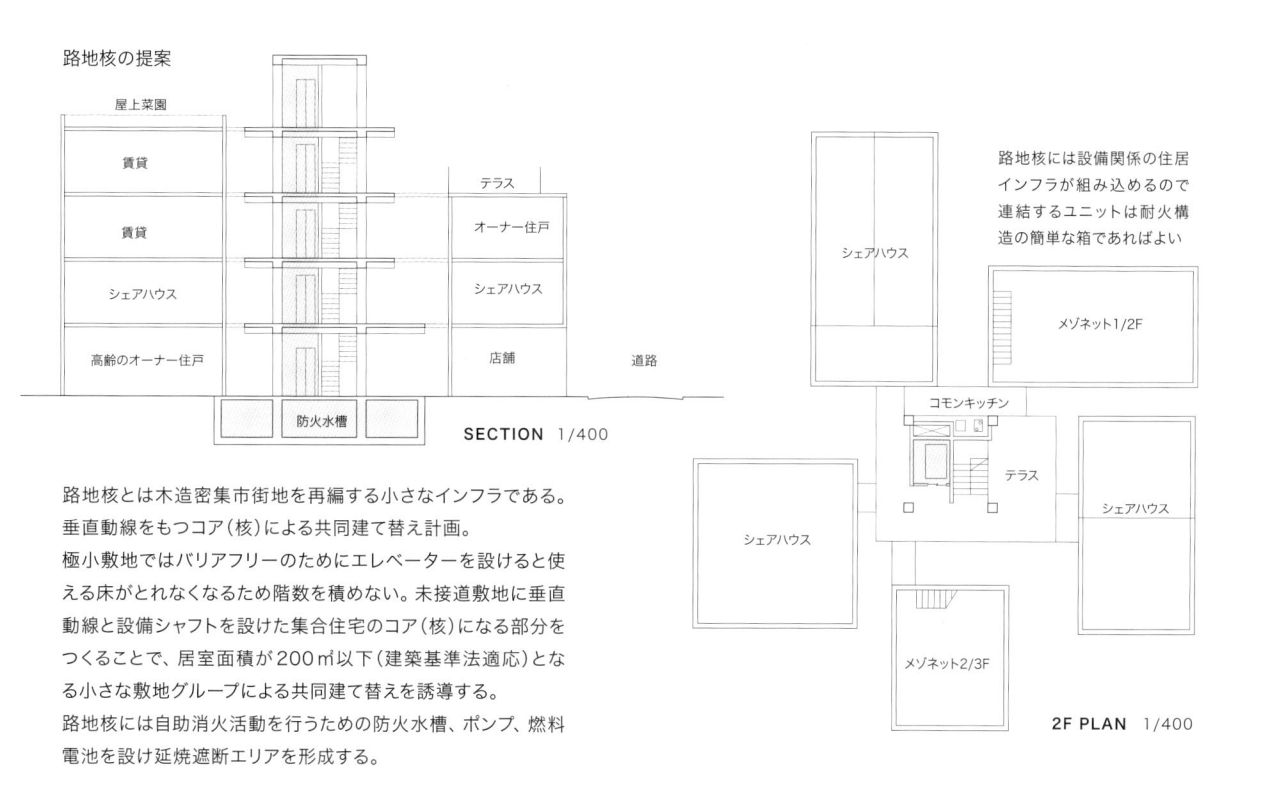

SECTION 1/400

屋上菜園 / 賃貸 / 賃貸 / シェアハウス / 高齢のオーナー住戸 / テラス / オーナー住戸 / シェアハウス / 店舗 / 道路 / 防火水槽

2F PLAN 1/400

シェアハウス / メゾネット1/2F / コモンキッチン / テラス / シェアハウス / シェアハウス / メゾネット2/3F

路地核には設備関係の住居インフラが組み込めるので連結するユニットは耐火構造の簡単な箱であればよい

路地核とは木造密集市街地を再編する小さなインフラである。垂直動線をもつコア（核）による共同建て替え計画。
極小敷地ではバリアフリーのためにエレベーターを設けると使える床がとれなくなるため階数を積めない。未接道敷地に垂直動線と設備シャフトを設けた集合住宅のコア（核）になる部分をつくることで、居室面積が200㎡以下（建築基準法適応）となる小さな敷地グループによる共同建て替えを誘導する。
路地核には自助消火活動を行うための防火水槽、ポンプ、燃料電池を設け延焼遮断エリアを形成する。

SITE PLAN

HONMACHI APARTMENTS

規格材・定尺の養生枠や単管のスチールパイプなどを組み合わせて構成したファサード

本町アパートメント
小さな経済を支える都市装置

10年ほど前につくった「住宅K」(P.10)の建主から再び設計の依頼を受けた。限界を探るようなつくり方に共感していただき、自宅とそれに付属して賃貸用の諸室を設ける複合建築のプロジェクトである。計画地は甲州街道沿いに建つ高層住宅から一皮入る喧騒からは少し離れながら、しかし住宅街ではない。敷地条件の中での適切なボリュームを求めた結果、建主の使用する音楽スタジオ、貸オフィス、小さな賃貸の部屋2戸という事業として使用する諸室はコンクリートのボックスの中に収容され、その下部構造の上に軽い住宅が載る構成となった。この建築はまるで小さな経済活動を行う都市装置のようである。RCの構造体を少し地盤に埋め込み土圧浮力を得て安定させる構造体とし、それを下部構造にして軽いブレース付鉄骨造の住宅を載せている。できるだけ単純な構造形式とし、将来の変化に対応できるように乾式の間仕切り壁とした。建設資材はできるだけ汎用材や流通材を定尺のまま使用し、電設資材や仮設資材などタフな構造で単価の低いものを探した。付属部品もそのまま用いるのだが、取り付け位置や寸法を注意深く検討している。

この複合建築はコンクリートのボックス部分が文字通り経済の下部構造となっている。できれば音楽関係の借家人が使用してくれることを期待しながら、大家と店子が共有するホワイエ空間のような階段室を設けた。大きな家族のように生活できることを考えた。

While the project site is near Tokyo Opera City, behind the layer of high-rise housing located along the Koshu-kaido and a step away from the city's hustle and bustle, it is in a place suspended within a non-residential neighborhood. In the semi-basement is a studio for the wife, who is a piano teacher, and a rental office. On the first floor are small, 26square meters rental rooms contained in a reinforced concrete box, and placed on top of this is a two-story steel-framed residence. This architecture is like an urban device for carrying out small-scale economic activities. As the ground conditions are not good, a heavy reinforced concrete structure has been embedded in the ground for stability, allowing a light steel-structure house to be placed on top of that substructure. The reinforced-concrete part also becomes the economic substructure. While it is expected that it will be mainly used for the music office and the musician resident, by installing a staircase like a foyer space shared by the landlord and tenants, they can all live together like a big family.

高層住宅が建ち並ぶ甲州街道から一皮入ったところに建つ

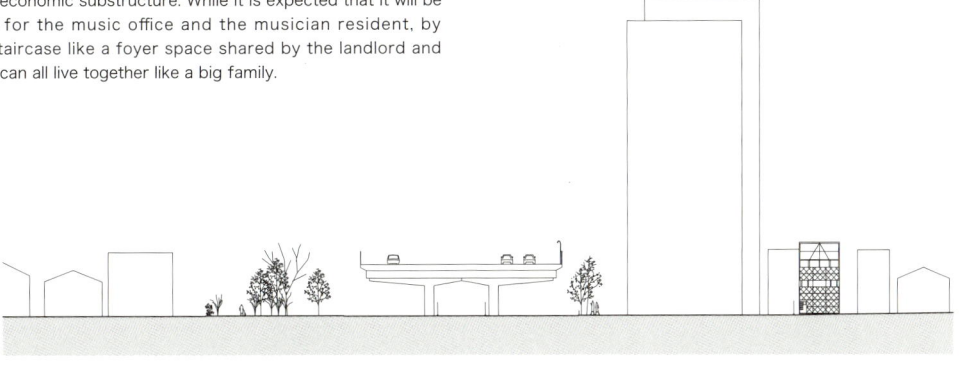

URBAN ELEVATION 1/1000

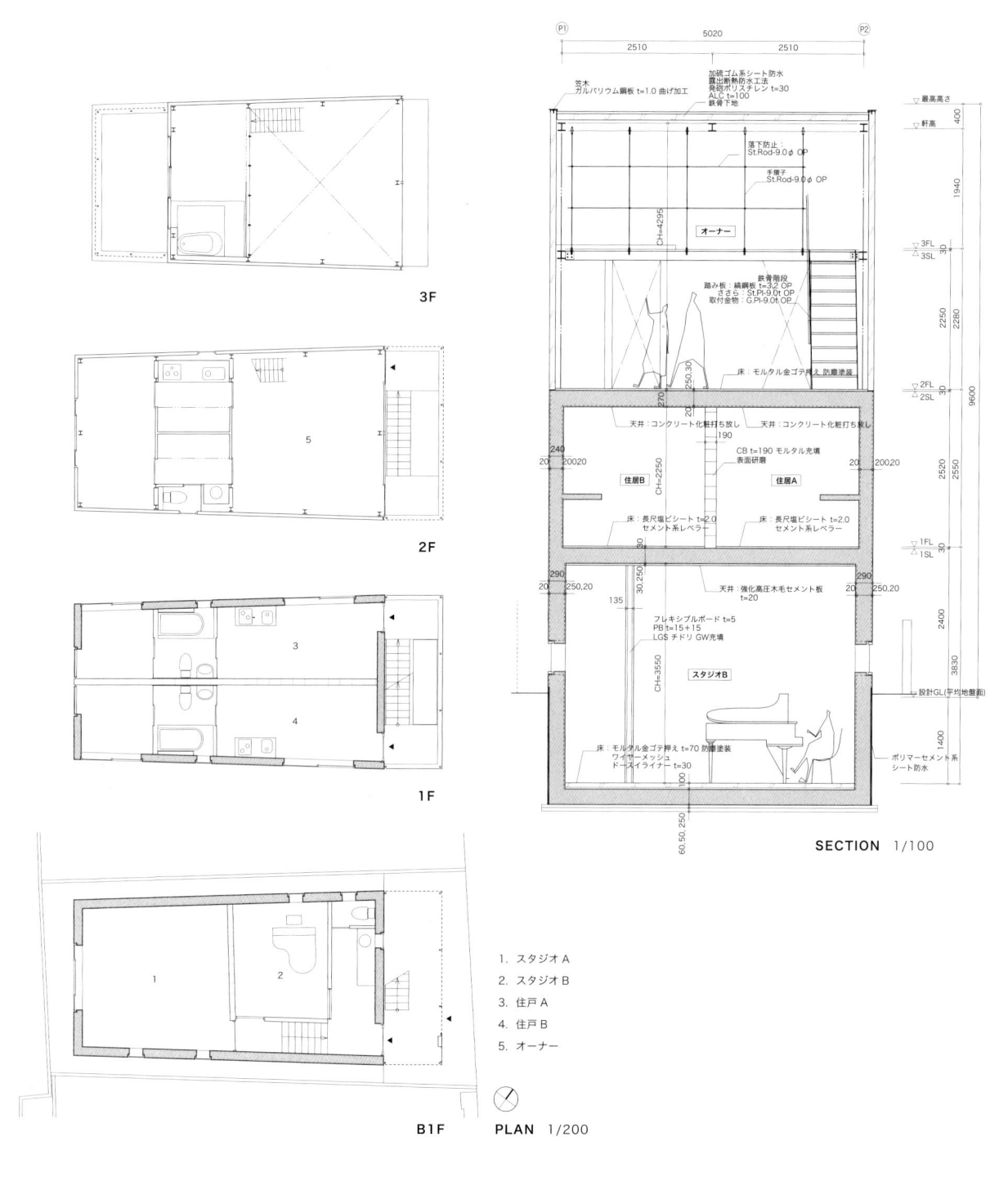

201106
HONMACHI APARTMENTS

3F

2F

1F

B1F   PLAN 1/200

SECTION 1/100

1. スタジオ A
2. スタジオ B
3. 住戸 A
4. 住戸 B
5. オーナー

屋外階段.部材部品は流通する建設資材を使用.定尺によりおのずと階段,床,踊り場の寸法が決定した

201106
HONMACHI APARTMENTS

オーナー住戸.3階から吹き抜けを見下ろす

2012 02
RENOVATION PROJECT IN KAMAKURA

1. ホワイエ
2. 音楽ホール
3. テラス
4. 納屋
5. バスルーム
6. ルーム 1
7. ルーム 2
8. ルーム 3
9. ルーム 4
10. ミニキッチン

SECTION 1/200

鎌倉のリノベーション/音楽ホール付シェアハウス
音楽ホールを媒介としたシェアハウス

演奏家のオーナーと4人の住人のための木造2階建て家屋のリノベーション計画である。計画地は、4年程前に設計した「鎌倉のスタジオ付住居」(P.92)の隣地、空き家であった当家屋を購入し、1階を音楽ホールとパーティキッチン付きのホワイエ、2階をシェアタイプの住宅とすることにした。

家屋は築40年の木造住宅。音楽ホールとなる1階は外壁をほぼ取り払い適宜筋交いを入れ、透明なガラス張りとした。庭の豊かな自然と連続し、隣地の「鎌倉のスタジオ付住居」のガラス嵌め殺しのファサードともつながるようにしている。間仕切り壁を取り払った大きな空間で、必要に応じて建具で空間を仕切ることができるようにしている。ステージ部分は、柱を一部撤去し、土間をコンクリート床まで下げ、天井の仕上げを外して3mの天高を確保した。それ以外の部分は既存柱をすべて残した。林立する既存柱は林の中から演奏を見ているような雰囲気をつくり、演奏を聴いている人々にとっての拠り所となっている。既存の型ガラス、ガラスブロック、そして縦格子付きの階段などの古い建築エレメントを残して時間の重なりを示している。一方、2階は四つの部屋と共有する簡単な水回りを設けたシェアハウスである。以前のプランを生かした計画とし、外壁や開口部については既存のものをそのまま利用している。1階にあるパーティキッチンとバスルームはゲスト用であるが、通常は2階のシェアハウスの住人も使用できるというプログラムである。

改修前の建物

鎌倉のスタジオ付住居

2F PLAN

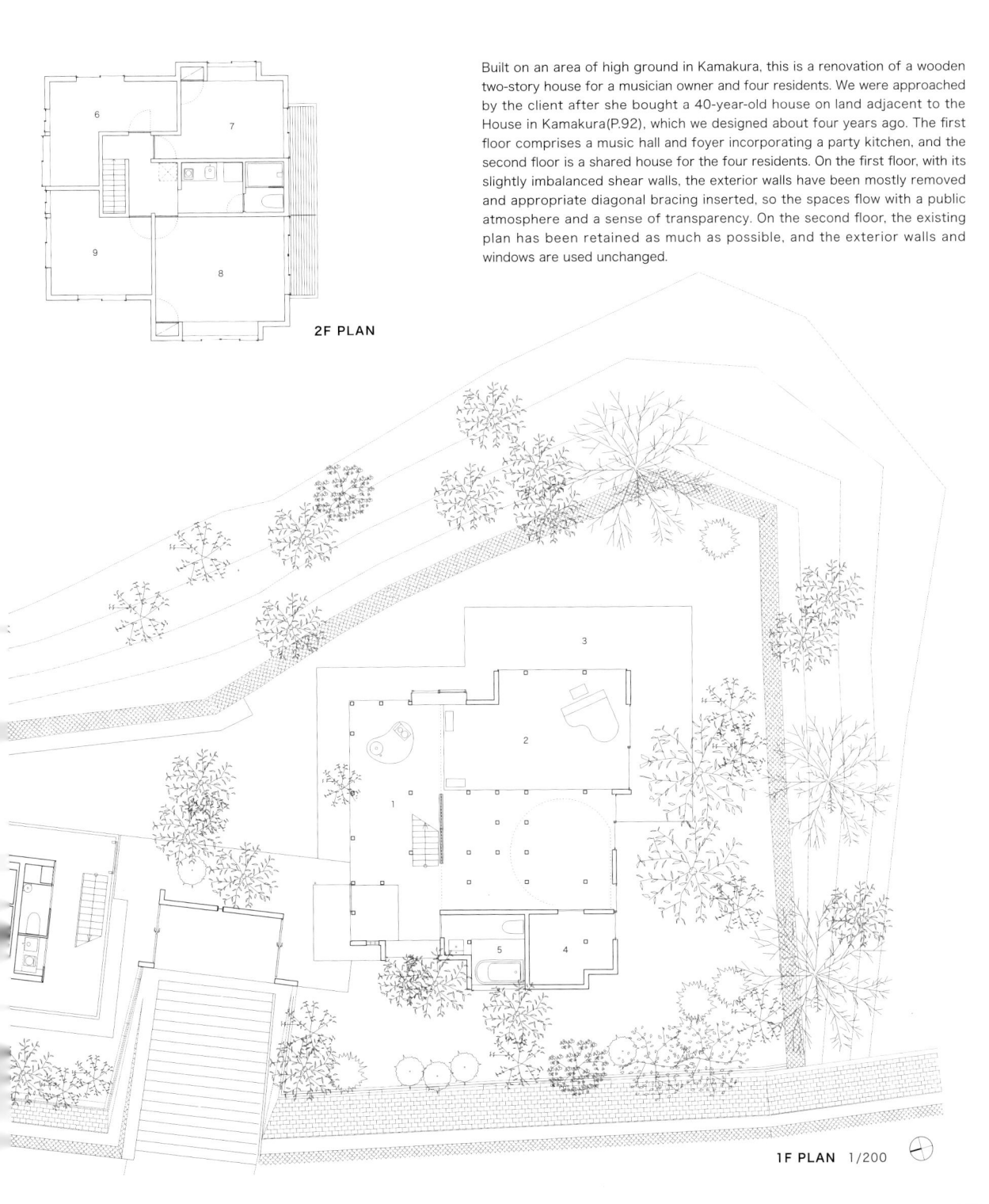

Built on an area of high ground in Kamakura, this is a renovation of a wooden two-story house for a musician owner and four residents. We were approached by the client after she bought a 40-year-old house on land adjacent to the House in Kamakura(P.92), which we designed about four years ago. The first floor comprises a music hall and foyer incorporating a party kitchen, and the second floor is a shared house for the four residents. On the first floor, with its slightly imbalanced shear walls, the exterior walls have been mostly removed and appropriate diagonal bracing inserted, so the spaces flow with a public atmosphere and a sense of transparency. On the second floor, the existing plan has been retained as much as possible, and the exterior walls and windows are used unchanged.

1F PLAN 1/200

2012 02
RENOVATION PROJECT IN KAMAKURA

スタジオ付住居から、音楽ホール付シェアハウスを見る。夜になると、地続きに光がつながって内部空間の見えが連続する

ホワイエからスタジオ付住居の方を見通す

既存の柱を残した音楽ホール

2012 07

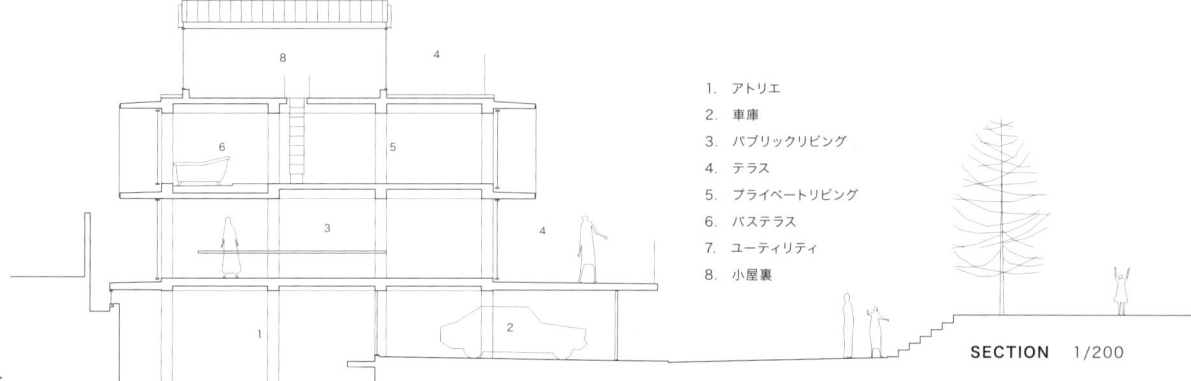

GALA HOUSE

1. アトリエ
2. 車庫
3. パブリックリビング
4. テラス
5. プライベートリビング
6. バステラス
7. ユーティリティ
8. 小屋裏

SECTION 1/200

GALA HOUSE
外部に意識を拡張するバルコニー

敷地周辺には蛇行して流れる川に沿って緑地が広がり、都内の良好な住宅地である。この環境を守る建蔽率／容積率は40％／80％と厳しく設定されている。しかし、敷地は88㎡ほどの小規模なので、建て主が希望する生活空間を確保するのは困難であった。そこで、法的に許される床面積の緩和既定（地下緩和、車庫緩和、ロフト）を用いて最大限の床面積を確保する検討を行った。さらに、建蔽率の制限によって生まれる隣地との空隙を利用して、法的に面積算入されないバルコニーと軒を最大限張り出して、濡れ縁のような緩衝領域を設けることにした。戸建て住宅地の家と家の間にある隙間は可能性のある空間だ。この隙間を活かすため主構造は小径断面の柱・梁によるRCラーメン構造を採用した。構造壁がない柱梁構造となるので内部空間と外部空間が自由に行き来できる。
内部空間から濡れ縁を通して意識は外部に拡張する。さらに前面道路側に広がる緑地に視線を向けると、さらに遠くまで広がる空間を同時に意識することができる。内部空間が外部に溶け出すような空間は、オブジェクトとして限られた建物の輪郭は意識されない。むしろ生活の中で繰り返される人間の小さな経験の積み重ねが空間の印象となる。そのため、人が触れる細やかなディテールにより気を配った。施主は自分たちで手を入れられる未完の家をイメージしていたため、なるべく仕上げをせず、未完成な印象さえ与える即物的な状態で終わりにしている。

The site is in a verdant residential area with a calm atmosphere. With a depth that much greater than its frontage, it is surrounded by the houses in the adjoining sites on three sides, and a green tract of land by the front road. Inside the main structure, a structural frame comprising small-diameter posts and beams has been adopted. Outside the main structure, and not included in the legally permitted surface area, there are overhangs extended to the limits, below which are buffer areas like open verandahs. By means of these buffer areas, one is aware of the expansive continuous space that unifies the interior spaces with the marginal spaces produced between this house and the adjacent sites. Because the owners desired the image of an incomplete house that required their own participation, as much as possible it was left in an unfinished, utilitarian state.

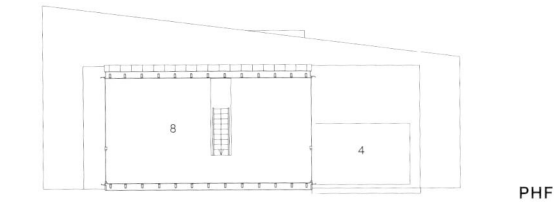

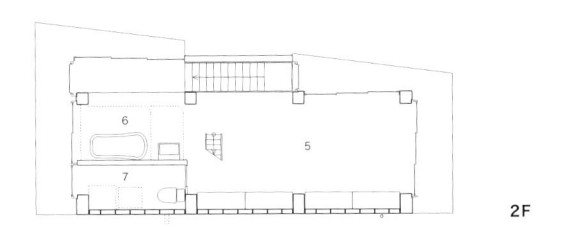

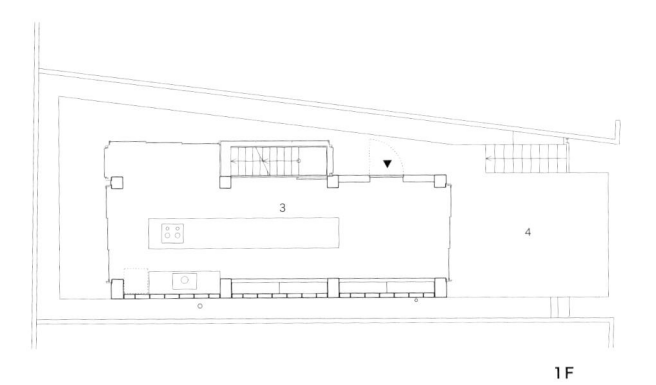

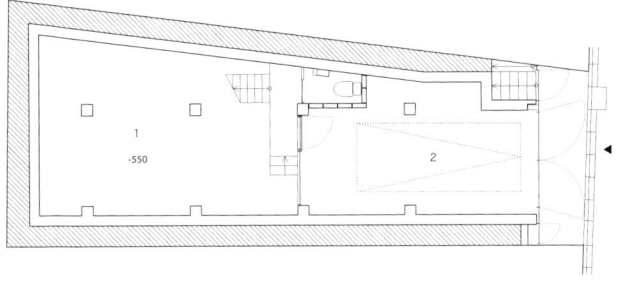

PHF

2F

1F

PLAN 1/200

B1F

2012 07
GALA HOUSE

敷地に高低差があるため、地盤面とつながる奥のアトリエが地階となる。2層目が1階のパブリックリビング、3層目がプライベートリビング

2階 プライベートリビング

1階 パブリックリビング

1階 パブリックリビングから緑地を見る

地下1階 アトリエ

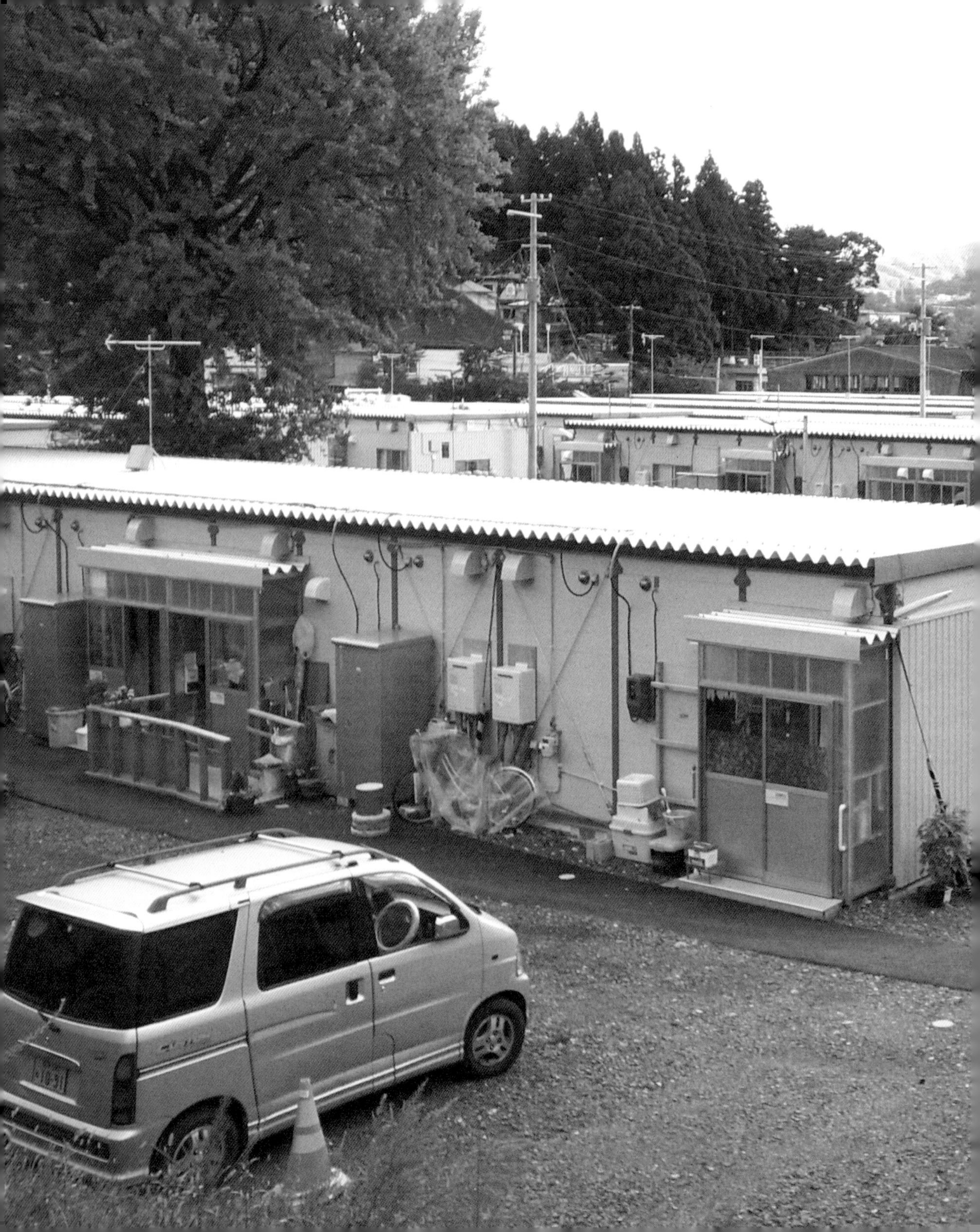

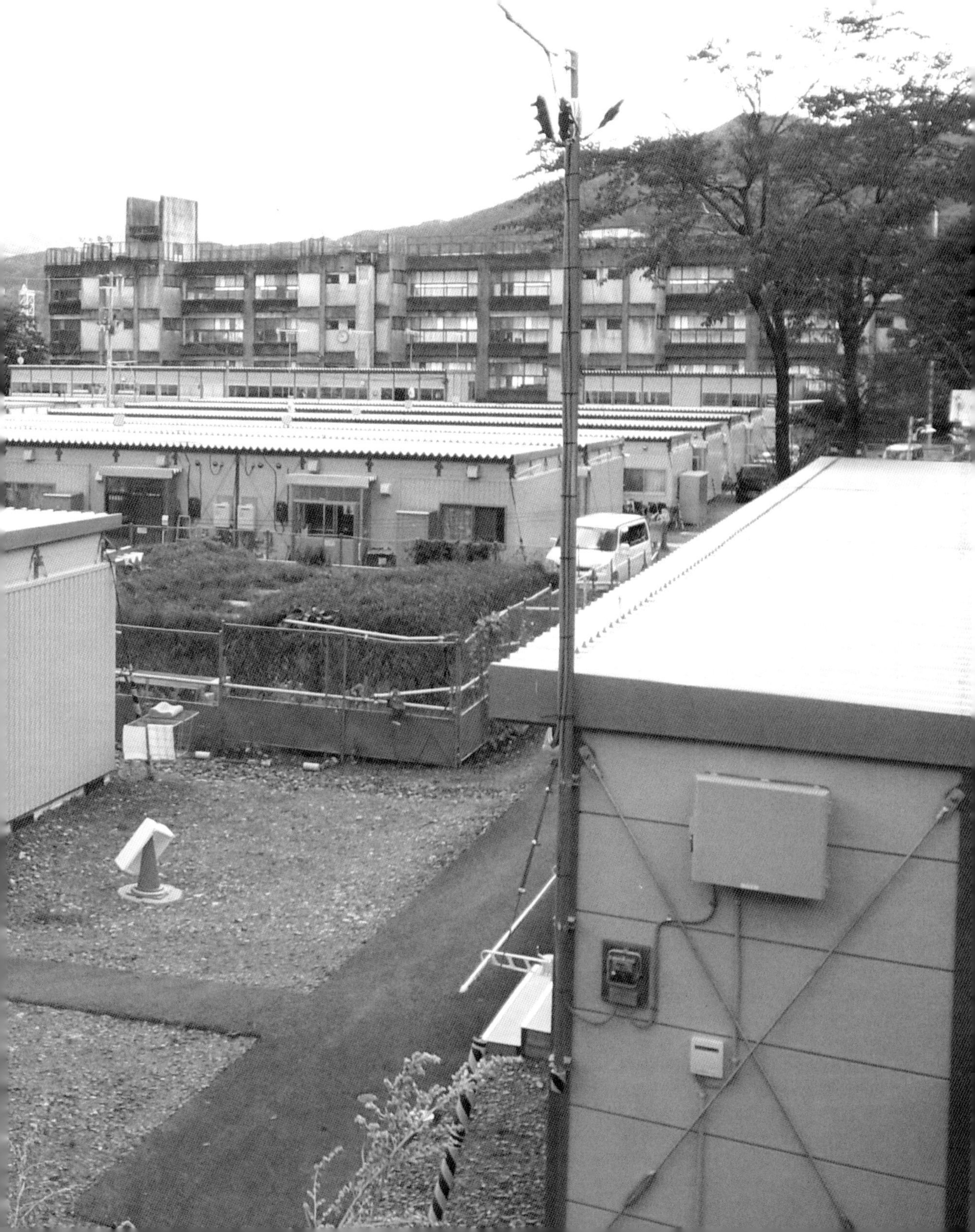

2012 11

POST-DISASTER PUBLIC HOUSING IN KAMAISHI CITY competition

全景スケッチ. 釜石市の山並みと調和する緑化された棚田のような風景が広がる

釜石市災害復興公営住宅設計競技
一次通過案
コモンズを生成する集合形式

計画地は谷戸地形の中にあり、周囲は緑豊かな山並みに囲まれている。この里山の風景の中で、自然地形に寄り沿う棚田のような建築を提案したいと考えた。その建築は、近代主義の中で私たちが壊してきた普通の生活を再生すること。多様な人々が集合して生活を営める住宅。そして、新しい「あたりまえの生活」を支える建築である。

提案した建築はシンボルとなる形は与えない。何も表象しない。ガランとした舞台のような建築なのだが、考えうる最高の技術力を導入してこの舞台をつくることである。主役は、地域のコンテクストや地域の人々なのだ。

提案したものは、コモンズという考え方で、住宅、こども園、集会所という機能の領域を緩やかにつなぐことである。コモンズとは「誰のものでもない、しかし誰もが私の場所だと思える」入会地である。集会所、共用廊下、ホールや廊下、遊戯室、園庭などをコモンズの空間となる開放系の共有空間として注意深く計画した。視線が通り互いの気配を感じ、見守る空間である。機能が特定される諸室はコモンズの海に浮かぶ諸島であるというコンセプトであり、そしてこの開放系の共有空間が地域社会と連携していくのだ。これからつくられる復興住宅の方向を指し示す建築とならなくてはと考えていた。社会に役立つ建築をつくりたい。ここで提案するものは、近代が推し進めてきた人々を分断し収容する集合形式ではなく、人々を関係付ける集合形式であることが未来を指し示しているのだと主張した。

The project area is in a valley surrounded by wooded mountains. I wanted to propose a building suggestive of terraced rice paddies that conformed to the natural topography of the landscape. This building is an attempt to revive the ordinary way of life that we have been destroying by our adherence to modernism. The housing project enables diverse people to live together and lead 'ordinary lives' in a new way.

The idea is to loosely connect territories with different functions such as housing, day-care centers for children and meeting halls by means of a 'commons.' By a 'commons' I mean an area that belongs to no one but that everyone feels is his or hers. It is a space that can be watched over, a place with unobstructed views where people are always aware of each other's presence. What is proposed is a future-oriented form of gathering that promotes the establishment of relationships instead of the form of gathering hitherto promoted in the modern era in which people are accommodated in separate groups.

縁側のような緩衝空間とコモンズ，ルーバー状の屋根がかかり，明るい空間になっている

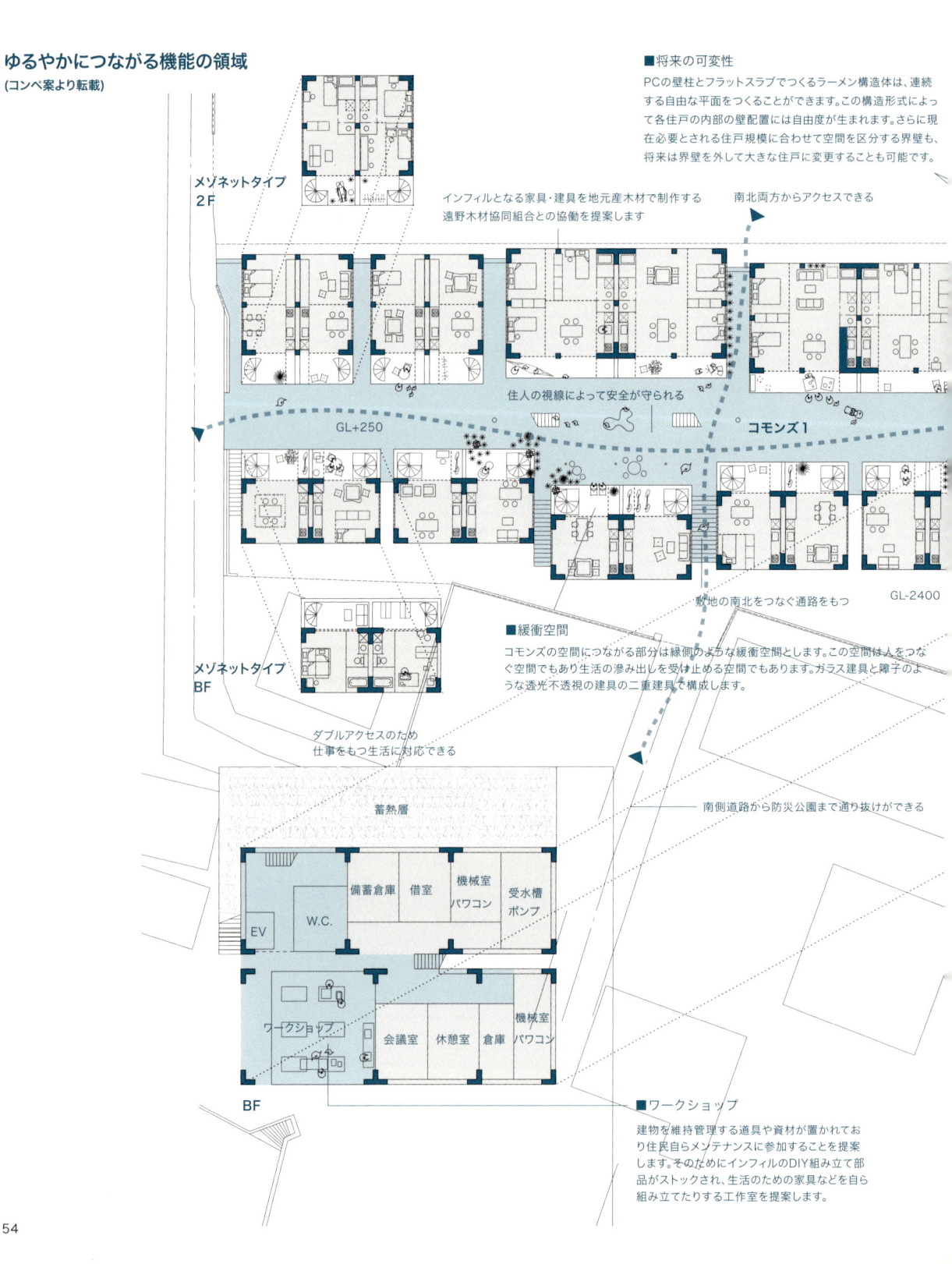

ゆるやかにつながる機能の領域
(コンペ案より転載)

メゾネットタイプ
2F

インフィルとなる家具・建具を地元産木材で制作する
遠野木材協同組合との協働を提案します

南北両方からアクセスできる

住人の視線によって安全が守られる

GL+250

コモンズ1

GL-2400

メゾネットタイプ
BF

■緩衝空間
コモンズの空間につながる部分は縁側のような緩衝空間とします。この空間は人をつなぐ空間でもあり生活の滲み出しを受け止める空間でもあります。ガラス建具と障子のような透光不透視の建具の二重建具で構成します。

ダブルアクセスのため
仕事をもつ生活に対応できる

敷地の南北をつなぐ通路をもつ

南側道路から防災公園まで通り抜けができる

蓄熱層

備蓄倉庫 | 借室 | 機械室 パワコン | 受水槽 ポンプ
EV | W.C.

ワークショップ | 会議室 | 休憩室 | 倉庫 | 機械室 パワコン

BF

■将来の可変性
PCの壁柱とフラットスラブでつくるラーメン構造体は、連続する自由な平面をつくることができます。この構造形式によって各住戸の内部の壁配置には自由度が生まれます。さらに現在必要とされる住戸規模に合わせて空間を区分する界壁も、将来は界壁を外して大きな住戸に変更することも可能です。

■ワークショップ
建物を維持管理する道具や資材が置かれており住民自らメンテナンスに参加することを提案します。そのためにインフィルのDIY組み立て部品がストックされ、生活のための家具などを自ら組み立てたりする工作室を提案します。

1F PLAN 1/400

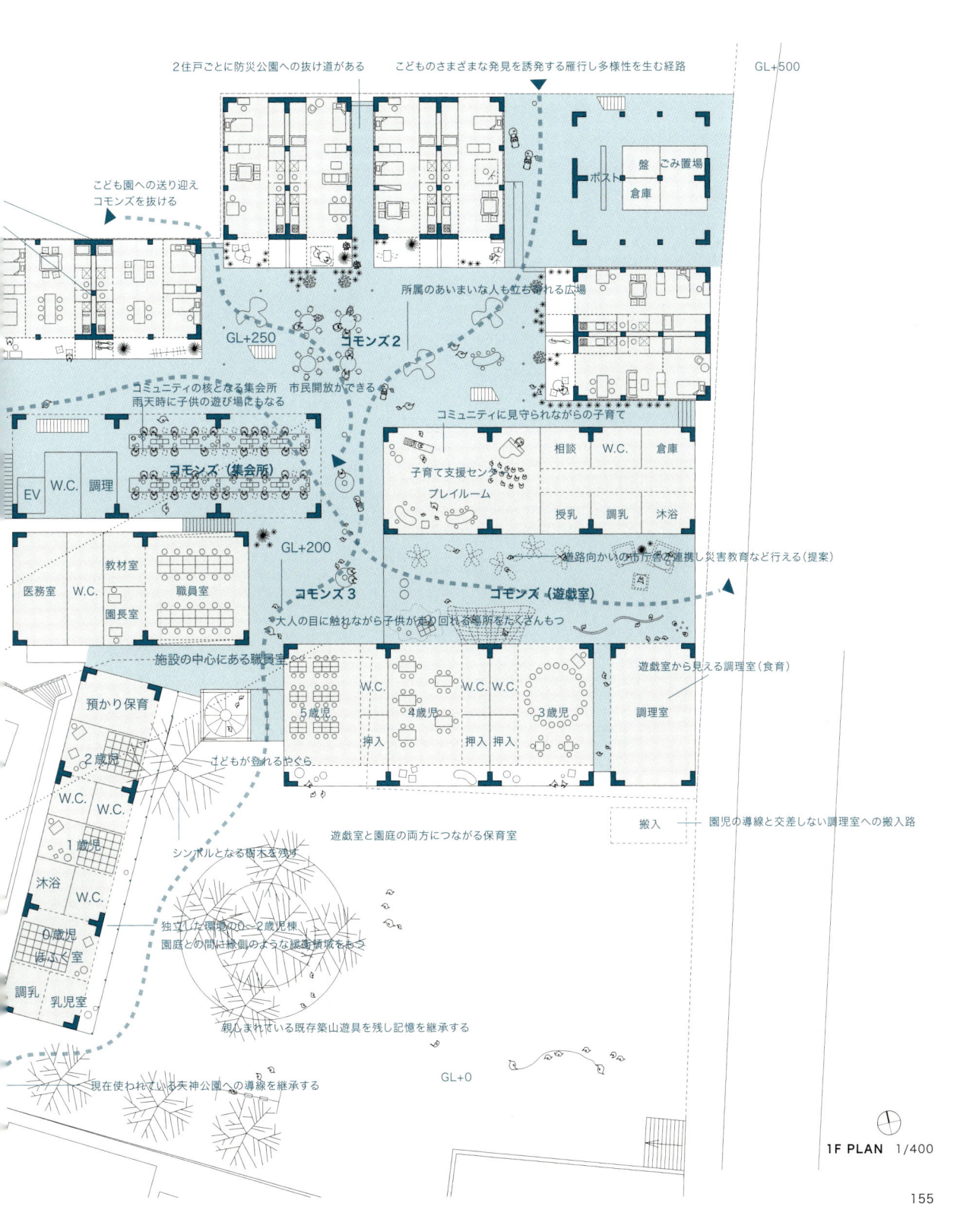

- 2住戸ごとに防災公園への抜け道がある
- こどものさまざまな発見を誘発する雁行し多様性を生む経路
- GL+500
- こども園への送り迎えコモンズを抜ける
- 所属のあいまいな人も立ち寄れる広場
- コモンズ2
- GL+250
- コミュニティの核となる集会所 市民開放ができる
- 雨天時に子供の遊び場にもなる
- コミュニティに見守られながらの子育て
- ポスト / 盤 / 倉庫 / ごみ置場
- コモンズ(集会所)
- EV / W.C. / 調理
- 子育て支援センター プレイルーム
- 相談 / W.C. / 倉庫
- 授乳 / 調乳 / 沐浴
- 医務室 / W.C. / 教材室 / 職員室 / 園長室
- GL+200
- コモンズ3
- 大人の目に触れながら子供が走り回れる場所をたくさんもつ
- コモンズ(遊戯室)
- 道路向かいの市庁舎と連携し災害教育など行える(提案)
- 施設の中心にある職員室
- 遊戯室から見える調理室(食育)
- 5歳児 / 4歳児 / 3歳児 / 調理室
- 押入 / W.C. / 押入 / W.C. W.C. / 押入
- こどもが登れるやぐら
- 預かり保育
- 2歳児 / W.C. / W.C.
- 1歳児 / 沐浴 / W.C.
- 0歳児 / ほふく室 / 調乳 / 乳児室
- 搬入 → 園児の導線と交差しない調理室への搬入路
- シンボルとなる樹木を残す
- 遊戯室と園庭の両方につながる保育室
- 独立した環境の0〜2歳児棟 園庭との間は縁側のような緩衝領域をもつ
- 親しまれている既存築山遊具を残し記憶を継承する
- 現在使われている天神公園への導線を継承する
- GL+0

201402

HOUSE IN TSUJIDO

辻堂の住宅
外部に開放された2枚のプレートに挟まれた可変空間

鎌倉時代からの集落の中にある屋敷の建物の建て替え計画である。周囲の屋敷も大きな敷地の中に塀に囲まれているが、集落内の付き合いは緊密で、地縁社会でのさまざまな行事が営まれている。建て替える建物は関東大震災の時に改築を行ったもので、そのイメージを尊重することが要望された。クライアントはこの旧家の当主である学者と俳人のご夫妻で、この伝統的なコンテクストの問題を現代的な建築空間として解くことを希望された。

2枚のプレートの間に、機能配列ではない流れるようなワンルームの空間を設け、その空間を木割のモデュールのような割り付けで大きな建具で仕切るというものである。このおおらかな内部空間はさまざまな行事に対応することができる。

そして、外部と内部の仕切りには縁側のような空間のクッションを設け、屋根は関東の伝統的な倉に用いられる二重屋根としている。このような空間装置で日本の伝統的家屋がもつパッシブな温熱環境を再現することを検討している。

This is a project to rebuild a house on an estate in a community that has existed since the Kamakura Period. The clients are a scholar who is the head of this old family and his wife, a poet. They wanted an architectural space that was a contemporary solution to the problem of traditional context.
Instead of a functional organization of spaces, a continuous, one room-like space was arranged between two plates and subdivided by large fixtures deployed according to a kiwari-like module. This ample interior space can accommodate diverse events.
A veranda-like spatial cushion is installed between inside and outside, and the roof is a double-layered roof of the kind used in traditional storehouses in the Kanto region. Such spatial devices are used to recreate the passive heat environment of traditional Japanese houses.

水平力を受ける壁を内側に配置して、周囲はスチールのポストで鉛直荷重を受けている

内部空間と外部空間が縁側のような空間を挟んで連続する

2016 02

MONNAKA PROJECT

モンナカプロジェクト　2016年2月 竣工予定
外部に開放された多層のプレートに挟まれたセミラチス空間

未来の都市は、住まう住居の集合形式がその様相を決定するであろう。東京は、戸建て住宅または長屋からマンションという民間集合住宅に移行し、現在は分譲のタワーマンションが大量に供給されている。タワーマンションという巨大建築は垂直動線をコアとして多層のフロアが積層し、その各フロアでは廊下によって細分化された諸室となるという、まさにツリー構造そのものの空間形式をもつ。この空間の中で人々は切り分けられ孤立していくのだ。小さな敷地に多層の床をつくることができるという経済原理だけで、このような住居を大量に供給することを許してよいのだろうか。経済モデルとして、タワーマンションに置き換わる新しいオルタナティブを早急に創造する必要がある。

このプロジェクトは家族を超えて拡張した人々の人間関係を創造する空間を開発している。同時に長期間にわたる経済的な事業の優位性を創造しようとしている。未来の都市組織の一単位となる建築なのだ。

豊かなシェアの空間やコモンの空間、人間の関係性を誘発する場を計画している。この社会に設けられている社会システムを勘案しながら、社会ストックとして持続可能なハードウエアとなる。この建築は都市風景を変える可能性がある建築なのだ。

Tokyo is undergoing a transformation in its residential environment from one-family houses and tenements to condominiums. Today, there is a large supply of condominium towers. These enormous buildings have spatial forms with tree structures. Within these spaces, people are separated and isolated. There is a need to develop an alternative to the condominium tower as an economic model.

This project is an attempt to develop spaces that create human relationships extending beyond the family. Diverse shared, common spaces and places that promote relationships are provided. Taking into consideration the social system already in place in society, these items of sustainable hardware become part of the stockpile of society.

後記

この作品集は2002年から12年間ほどの仕事をまとめている。2002年にギャラリー間で開いた展覧会のカタログとして、1993年から2002年までの10年間の活動を収録した作品集をまとめたが、その続編となる。

その時の作品集『ON THE SITUATION』では、建築というものが自律的に存在しているのではなく、社会状況の中で浮かび上がるものであるとした。建築とは個人の美学的なイメージが先行してつくられるものではなく、社会に存在する多層なスケールの問題群を同時に解きながら構築するものである。そこでは、地域や社会、その物理的コンテクストと文化的コンテクスト、機能の問題、材料や構法などのテクトニクス、その背景となるコストコントロールなどを検討し、異なった要件から組み立てられたダイアグラムを重ねるように回答を探るものであるとしている。今回の作品集でも、建築が社会的存在であるという態度は変わらない。さらに、2010年のヴェネチア・ビエンナーレで出版したカタログ『TOKYO METABOLIZING』の中で、都市組成の更新に関する思想を展開している。そこでは、都市は依然として生活の場であり日常の人々の営みを支えることを主題とした社会こそが未来をつくると主張した。

その後、2011年3月に東日本大震災を経験し、日本の建築家達の建築に向かう意識は大きく変わった。それは一過性のものではなく、潜在していた意識が震災を契機に浮かび出たのだ。今こそ、社会が共感できる未来の空間モデルを提出することが求められている。「釜石市災害復興公営住宅設計競技」(P.152)では、従前の私たちの住まいの概念を超え、未来に向けた生活のビジョンを示さなければならないと考えた。コストも含め設計与件も通常のプロジェクトよりも厳しい。そうした困難な問題群を克服した上で、復興を支える切実な建築のありかたを提案できたと思っている。現在計画している「モンナカプロジェクト」(P.158)では、家族を超えた新しい人の関係性をつくる空間形式を、東京という都市の中で構想している。そこでも厳しい与件をかけながら、未だこの世に存在しないリアリティを創ろうとしている。

新しい社会を支える建築は派手な身振りでは登場しない。あたりまえのような評価概念の乗り越えが必要となる。それが身体的に感じられる空間モデルとして実現できれば、私たちの住む街はゆっくりと生成変化しながら、その最適解へと変貌していくのだ。

北山 恒

Afterword

This book is on work created in a twelve-year period starting in 2002.

I am interested in collective forms found in cities and districts. When one tries to create a rationale for people gathering together to live, one begins to consider relationships generated between units and relationships with surrounding houses. One begins to conceive of architecture as a thing to be woven into the urban fabric.

I presented a new collective form emerging in residential districts in Tokyo for the 2010 Venice Biennale. There, I developed the idea of renewing the urban composition of Tokyo. Comparing Tokyo to representative cities of the past (nineteenth-century Paris and twentieth-century New York) I tried to suggest the distinctive character and potential of Tokyo, a city in perpetual flux. The twentieth-century city has been conceived as a device to support economic activity. Consequently cities throughout the world are being reconstructed according to the same principles. However, cities remain places for everyday life, and I believe the future belongs to cities meant to support the everyday activities of people.

In 2011 Japan experienced the Great East Japan Earthquake, and the attitude of Japanese architects toward architecture has changed dramatically since then. This is not a fleeting phenomenon; the disaster merely brought to the surface a subconscious understanding. Now is the time for architects to present a spatial model for the future with which society can identify. I am confident that if that happens, the city has the potential to change gradually and achieve that optimal solution.

Koh Kitayama

掲載作品データ

■住宅K
竣工:2002.10
担当:濱名直子
構造設計:江尻建築構造設計事務所
施工:前川建設
所在:東京都杉並区
用途:専用住宅
規模:地上3階
構造:鉄筋コンクリート造
敷地面積:60.67㎡
建築面積:42.20㎡
延床面積:134.28㎡
設計期間:2001.4-2002.5
施工期間:2002.5-2002.10

■北京第三大使官区設計競技案
計画:2003.2
担当:上田克英　挾間裕子　工藤徹
　　　濱名直子
共同設計:山本理顕設計工場
構造設計:構造計画プラス・ワン
設備設計:総合設備計画
所在:中国北京
用途:商業施設　外交官用集合住宅
規模:地上23階　地下2階
構造:鉄筋コンクリート造
敷地面積:48,035㎡
建築面積:16,807㎡
延床面積:149,731㎡
設計期間:2002.11-2003.2

■住宅T×T
竣工:2003.2
担当:江向映
構造設計:江尻建築構造設計事務所
施工:前川建設
所在:東京都世田谷区
用途:専用住宅
規模:地上3階　地下1階
構造:鉄筋コンクリート造
敷地面積:137.27㎡
建築面積:53.48㎡
延床面積:133.64㎡
設計期間:2001.3-2002.6
施工期間:2002.6-2003.2

■下馬の4軒長屋
竣工:2003.3
担当:加藤光剛　挾間裕子
構造設計:構造計画プラス・ワン
設備設計:団設備設計事務所
Cインフィル設計:河嶋麻子

施工:新日本建設
所在:東京都世田谷区
用途:集合住宅
規模:地上2階　地下1階
構造:鉄筋コンクリート造
敷地面積:232.97㎡
建築面積:116.22㎡
延床面積:364.59㎡
設計期間:2001.11-2002.8
施工期間:2002.9-2003.3

■船橋のミニ戸建て開発A・B棟
竣工:2003.12
受賞:グッドデザイン賞
　　　千葉県建築文化奨励賞
担当:[A棟] 濱名直子 [B棟] 工藤徹
構造設計:江尻建築構造設計事務所
施工:阿部建設
所在:千葉県船橋市
用途:専用住宅
規模:地上3階
構造:壁式プレキャスト鉄筋コンクリート造
　　　+木造
敷地面積:[A棟] 69.19㎡ [B棟] 91.05㎡
建築面積:[A棟] 40.99㎡ [B棟] 38.71㎡
延床面積:[A棟] 99.34㎡ [B棟] 99.95㎡
設計期間:2003.5-2003.7
施工期間:2003.10-2003.12

■住宅M
竣工:2004.2
担当:江向映　小林由里恵
構造設計:構造計画プラス・ワン
設備設計:総合設備計画
施工:小川建設
所在:東京都新宿区
用途:専用住宅
規模:地上3階
構造:鉄筋コンクリート造
敷地面積:758.23㎡
建築面積:305.25㎡
延床面積:561.07㎡
設計期間:2002.2-2003.3
施工期間:2003.4-2004.2

■集合住宅20K
竣工:2004.5
受賞:グッドデザイン賞
担当:工藤徹　濱名直子
構造設計:構造計画プラス・ワン
設備設計:団設備設計事務所
施工:辰

所在:東京都新宿区
用途:集合住宅
規模:地上5階
構造:鉄筋コンクリート造+一部鉄骨造
敷地面積:767.57㎡
建築面積:417.16㎡
延床面積:1,636.88㎡
設計期間:2002.10-2003.3
施工期間:2003.6-2004.5

■円山町のアトリエ付住居
竣工:2005.7
担当:小林由里恵
構造設計:江尻建築構造設計事務所
設備設計:団設備設計事務所
施工:上島工務店
所在:東京都渋谷区
用途:住宅　アトリエ
規模:地上3階
構造:鉄筋コンクリート造+一部鉄骨造
敷地面積:67.90㎡
建築面積:46.29㎡
延床面積:156.26㎡
設計期間:2003.8-2004.10
施工期間:2004.12-2005.7

■Q-AX
竣工:2006.1
担当:上田克英　挾間裕子　金栄宇
　　　江向映
総合プロデュース:浜野総合研究所
構造設計:江尻建築構造設計事務所
設備設計:団設備設計事務所
音響設計:YAB建築・音響設計
サインデザイン:外立正
照明デザイン:ぼんぼり光環境計画
所在:東京都渋谷区
用途:映画館
規模:地上5階　地下2階
構造:鉄筋コンクリート造
敷地面積:583.15㎡
建築面積:467.59㎡
延床面積:2,304.25㎡
設計期間:2003.10-2004.6
施工期間:2004.7-2006.1

■洗足の連結住棟
竣工:2006.3
受賞:日本建築学会賞　日本建築家協会賞
　　　アルカシア建築賞ゴールドメダル
担当:浜真理子　小林由里恵　挾間裕子
構造設計:構造計画プラス・ワン

設備設計:団設備設計事務所
造園:SOYぷらん
施工:大林組
所在:東京都大田区
用途:集合住宅
規模:地上5階
構造:鉄筋コンクリート造
敷地面積:1,509.55㎡
建築面積:741.65㎡
延床面積:2,635.78㎡
設計期間:2004.6-2005.3
施工期間:2005.4-2006.3

■HONG KONG DESIGN INSTITUTE
　　competition
計画:2006.10
担当:北川美菜子　利光収　挾間裕子
　　　工藤徹　金栄宇　渡邊真弓
　　　山本恭子　加藤光剛　浜真理子
[phaseⅠ]
構造設計:江尻建築構造設計事務所
[phaseⅡ]
構造設計:江尻建築構造設計事務所
　　　　　Arup Japan
設備設計:Arup Japan
動画制作:キャベッジネット
　　　　　アトリエ モスコープ
現地コンサルタント:AGC DESIGN(建築)
Ove Arup & Partners HK (構造・環境設備)
Levett & Bailey (積算)
所在:中国香港
用途:学校
規模:地上4階　地下1階
構造:鉄筋コンクリート造+鉄骨造
敷地面積:約14,000㎡
建築面積:13,153㎡
延床面積:40,688㎡
[phaseⅠ]:2006.6-2006.7
[phaseⅡ]:2006.8-2006.10

■クラルハイト
竣工:2008.4
担当:工藤徹　山本恭子
構造設計:江尻建築構造設計事務所
設備設計:団設備設計事務所
植栽:SOYぷらん
施工:辰
所在:東京都世田谷区
用途:店舗　集合住宅
規模:地上5階　地下1階
構造:鉄筋コンクリート造+一部鉄骨造
敷地面積:252.74㎡

建築面積：185.03㎡
延床面積：797.13㎡
設計期間：2005.3-2007.3
施工期間：2007.4-2008.4

■鎌倉のスタジオ付住居
竣工：2008.6
担当：加藤光剛
構造設計：江尻建築構造設計事務所
施工：前川建設
所在：神奈川県鎌倉市
用途：住宅　スタジオ
規模：地上2階
構造：鉄筋コンクリート造＋木造
敷地面積：377.44㎡
建築面積：87.89㎡
延床面積：168.92㎡
設計期間：2006.10-2007.12
施工期間：2008.1-2008.6

■墨田区北斎館設計競技案
計画：2009.3
担当：金栄宇　挾間裕子　工藤徹
　　　山本恭子　内田仁美　諸橋奈緒
構造設計：構造計画プラス・ワン
設備設計：総合設備計画
所在：東京都墨田区
用途：美術館
規模：地上5階　地下1階
構造：鉄骨造
敷地面積：1,263㎡
建築面積：720㎡
延床面積：3,683㎡
設計期間：2009.1-2009.3

■dada house
竣工：2009.8
担当：北川美菜子　山下真平
構造設計：江尻建築構造設計事務所
施工：宍戸工務店
所在：東京都西東京市
用途：専用住宅
規模：地上2階
構造：木造
敷地面積：154.30㎡
建築面積：52.99㎡
延床面積：101.49㎡
設計期間：2008.3-2009.1
施工期間：2009.2-2009.8

■祐天寺の連結住棟
竣工：2010.7

受賞：日本建築学会作品選奨
担当：挾間裕子　浜真理子　金栄宇
　　　山下真平
構造設計：構造計画プラス・ワン
設備設計：団設備設計事務所
施工：佐藤秀
所在：東京都目黒区
用途：集合住宅
規模：地上4階　地下1階
構造：鉄筋コンクリート造
敷地面積：1,306.28㎡
建築面積：648.96㎡
延床面積：2,751.40㎡
設計期間：2006.11-2007.12
施工期間：2007.12-2010.7

■TOKYO METABOLIZING 2010
第12回ヴェネチア・ビエンナーレ
国際建築展日本館展示
担当：挾間裕子　諸橋奈緒
所在：イタリア ヴェネチア・ジャルディーニ
会期：2010.8.29-11.21
プロポーザル：2009.7-2009.10
準備期間：2009.10-2010.8

■"家の外の都市の中の家"展
担当：挾間裕子　山下真平
会場：東京オペラシティ アートギャラリー
会期：2011.7.16-10.2
準備期間：2010.11-2011.7

■OTM
竣工：2010.11
担当：加藤光剛　工藤徹　金栄宇
構造設計：金箱構造設計事務所
設備設計：団設備設計事務所
施工：辰
所在：東京都港区
用途：店舗　集合住宅
規模：地上8階　地下1階
構造：鉄骨鉄筋コンクリート造＋一部鉄骨造
敷地面積：82.14㎡
建築面積：70.72㎡
延床面積：477.30㎡
設計期間：2007.3-2009.7
施工期間：2009.8-2010.11

■TOKYO URBAN RING 町屋プロジェクト
担当：挾間裕子　Y-GSA
"東京2050//12の都市ビジョン展"に出展
(会期：2011.9.24-10.2　会場：丸ビルホール)
計画期間：2011.8-2011.10

■本町アパートメント
竣工：2011.6
担当：金栄宇
構造設計：江尻建築構造設計事務所
設備設計：創設備設計事務所
施工：平成建設
所在：東京都渋谷区
用途：集合住宅（一部事務所）
規模：地上3階　地下1階
構造：鉄筋コンクリート造＋鉄骨造
敷地面積：93.38㎡
建築面積：64.99㎡
延床面積：194.26㎡
設計期間：2009.10-2010.12
施工期間：2010.12-2011.6

■鎌倉のリノベーション/音楽ホール付シェアハウス
竣工：2012.2
担当：諸橋奈緒
構造設計：江尻建築構造設計事務所
設備設計：団設備設計事務所
施工：前川建設
所在：神奈川県鎌倉市
用途：シェアハウス＋音楽ホール
規模：地上2階
構造：木造
敷地面積：559.22㎡
建築面積：71.74㎡
延床面積：138.35㎡
設計期間：2010.12-2011.9
施工期間：2011.10-2012.2

■GALA HOUSE
竣工：2012.7
担当：金栄宇　工藤徹
構造設計：江尻建築構造設計事務所
設備設計：団設備設計事務所
施工：平成建設
所在：東京都杉並区
用途：専用住宅
規模：地上2階　地下1階
構造：鉄筋コンクリート造
敷地面積：88.57㎡
建築面積：35.26㎡
延床面積：70.46㎡
設計期間：2011.4-2011.9
施工期間：2011.10-2012.7

■釜石市災害復興公営住宅（東部地区天神町）設計競技案
計画：2012.11

担当：工藤徹　挾間裕子　山下真平
　　　内田仁美　諸橋奈緒　岡田尚子
構造設計：構造計画プラス・ワン
設備設計：ZO設計室
所在：岩手県釜石市
用途：災害復興公営住宅　集会所　こども園
規模：地上2階　地下1階
構造：プレキャスト・プレストレストコンクリート造
敷地面積：3,521㎡
延床面積：4,150㎡
設計期間：2012.10-2012.11

■辻堂の住宅
竣工：2014.2
担当：諸橋奈緒
構造設計：構造計画プラス・ワン
設備設計：ZO設計室
施工：前川建設
所在：神奈川県藤沢市
用途：専用住宅
規模：地上2階
構造：鉄筋コンクリート造＋木造
敷地面積：583.86㎡
建築面積：252.38㎡
延床面積：266.52㎡
設計期間：2012.6-2013.6
施工期間：2013.6-2014.2

■モンナカプロジェクト
竣工：2016.2（予定）
担当：工藤徹　挾間裕子
設計協力：ミハデザイン（光本直人＋濱名直子）
構造設計：構造計画プラス・ワン
設備設計：ZO設計室
所在：東京都江東区
用途：店舗　住居（賃貸）
規模：地上10階　地下1階
構造：鉄筋コンクリート造＋鉄骨造
敷地面積：653.78㎡
建築面積：504.64㎡
延床面積：3,964.31㎡
設計期間：2013.3-

Data on Works

■K-HOUSE
completion: 2002.10
assistants: Naoko Hamana
structural engineer:
　　EJIRI STRUCTURAL ENGINEERS
location: Suginami, Tokyo
use: house
number of stories: 3
structure: reinforced concrete
site area: 60.67 ㎡
building area: 42.20 ㎡
total floor area: 134.28 ㎡
design term: 2001.4-2002.5
building term: 2002.5-2002.10

■BEIJING HOUSING COMPLEX
　competition
project: 2003.2
assistants: Katsuhide Ueda,
　　Hiroko Hasama, Toru Kudo,
　　Naoko Hamana
participating architects:
　　Riken Yamamoto & FIELDSHOP
structural engineer:
　　Structural Design Office PLUS ONE Inc.
mechanical engineer:
　　SOGO CONSULTANTS
location: Beijing, China
use: commercial facilities, apartment
number of stories: 23 above ground,
　2 below
structure: reinforced concrete
site area: 48,035 ㎡
building area: 16,807 ㎡
total floor area: 149,731 ㎡
design term: 2002.11-2003.2

■TxT HOUSE
completion: 2003.2
assistants: Akira Emukai
structural engineer:
　　EJIRI STRUCTURAL ENGINEERS
location: Setagaya, Tokyo
use: house
number of stories: 3 above ground,
　1 below
structure: reinforced concrete
site area: 137.27 ㎡
building area: 53.48 ㎡
total floor area: 133.64 ㎡
design term: 2001.3-2002.6
building term: 2002.6-2003.2

■SHIMOUMA 4 HOUSES
completion: 2003.3
assistants: Mitsuyoshi Kato,
　　Hiroko Hasama
structural engineer:
　　Structural Design Office PLUS ONE Inc.
mechanical engineer: DAN Consultants
C interior architect: Asako Kawashima
location: Setagaya, Tokyo

use: apartment
number of stories: 2 above ground,
　1 below
structure: reinforced concrete
site area: 232.97 ㎡
building area: 116.22 ㎡
total floor area: 364.59 ㎡
design term: 2001.11-2002.8
building term: 2002.9-2003.3

■FUNABASHI MINI HOUSING
　DEVELOPMENT A/B
completion: 2003.12
award: Good Design Award,
　　11th Chiba Prefecture Architectural Award
assistants: [A] Naoko Hamana
　　　　　　[B] Toru Kudo
structural engineer:
　　EJIRI STRUCTURAL ENGINEERS
location: Funabashi, Chiba
use: 2 houses
number of stories: 3
structure: bearing wall structure of
　precast reinforced concrete + wood
site area: [A] 69.19 ㎡　[B] 91.05 ㎡
building area: [A] 40.99 ㎡　[B] 38.71 ㎡
total floor area: [A] 99.34 ㎡　[B] 99.95 ㎡
design term: 2003.5-2003.7
building term: 2003.10-2003.12

■M-HOUSE
completion: 2004.2
assistants: Akira Emukai,
　　Yurie Kobayashi
structural engineer:
　　Structural Design Office PLUS ONE Inc.
mechanical engineer:
　　SOGO CONSULTANTS
location: Shinjyuku, Tokyo
use: house
number of stories: 3
structure: reinforced concrete
site area: 758.23 ㎡
building area: 305.25 ㎡
total floor area: 561.07 ㎡
design term: 2002.2-2003.3
building term: 2003.4-2004.2

■20K APARTMENTS
completion: 2004.5
award: Good Design Award
assistants: Toru Kudo, Naoko Hamana
structural engineer:
　　Structural Design Office PLUS ONE Inc.
mechanical engineer: DAN Consultants
location: Shinjyuku, Tokyo
use: apartment
number of stories: 5
structure: reinforced concrete,
　partly steel frame
site area: 767.57 ㎡
building area: 417.16 ㎡

total floor area: 1,636.88 ㎡
design term: 2002.10-2003.3
building term: 2003.6-2004.5

■HOUSE IN MARUYAMA-CHO
completion: 2005.7
assistants: Yurie Kobayashi
structural engineer:
　　EJIRI STRUCTURAL ENGINEERS
mechanical engineer: DAN Consultants
location: Shibuya, Tokyo
use: house, atelier
number of stories: 3
structure: reinforced concrete,
　partly steel frame
site area: 67.90 ㎡
building area: 46.29 ㎡
total floor area: 156.26 ㎡
design term: 2003.8-2004.10
building term: 2004.12-2005.7

■Q-AX
completion: 2006.1
assistants: Katsuhide Ueda,
　　Hiroko Hasama, Kim Young Woo,
　　Akira Emukai
total producer: TEAM HAMANO
structural engineer:
　　EJIRI STRUCTURAL ENGINEERS
mechanical engineer: DAN Consultants
acoustic engineer: YAB Corporation
graphic designer: Tadashi Hashidate
lighting engineer: Masahide Kakudate
　　Lighting Architect & Associates,Inc.
location: Shibuya, Tokyo
use: cinema complex
number of stories: 5 above ground,
　2 below
structure: reinforced concrete
site area: 583.15 ㎡
building area: 467.59 ㎡
total floor area: 2,304.25 ㎡
design term: 2003.10-2004.6
building term: 2004.7-2006.1

■G-FLAT
completion: 2006.3
award: The Prize of AIJ 2010,
　　ARCASIA Award for Architecture
　　/gold medal,
　　Japan Institute of Architects Award
assistants: Mariko Hama,
　　Yurie Kobayashi, Hiroko Hasama
structural engineer:
　　Structural Design Office PLUS ONE Inc.
mechanical engineer: DAN Consultants
landscape gardener: SOY PLAN
location: Ota, Tokyo
use: apartment
number of stories: 5
structure: reinforced concrete
site area: 1,509.55 ㎡

building area: 741.65 ㎡
total floor area: 2,635.78 ㎡
design term: 2004.6-2005.3
building term: 2005.4-2006.3

■HONG KONG DESIGN INSTITUTE
　competition
project: 2006.10
assistants: Minako Kitagawa,
　　Osamu Toshimitsu, Hiroko Hasama,
　　Toru Kudo, Kim Young Woo,
　　Mayumi Watanabe,
　　Yukiko Yamamoto, Mitsuyoshi Kato,
　　Mariko Hama
[phase I]
structural engineer:
　　EJIRI STRUCTURAL ENGINEERS
[phase II]
structural engineer:
　　EJIRI STRUCTURAL ENGINEERS,
　　Arup Japan
building service engineer: Arup Japan
video images: cabbage-net,
　　Moscope Studio
local consultant: AGC DESIGN
　　(architecture），
　　Ove Arup & Partners HK (structure,
　　building service），
　　Levett & Bailey (quantity surveyor）
location: Hong Kong, China
use: school
number of stories: 4 above ground,
　1 below
structure: reinforced concrete + steel frame
site area: 14,000 ㎡
building area: 13,153 ㎡
total floor area: 40,688 ㎡
design term [phase I]: 2006.6-2006.7
　　　　　　　[phase II]: 2006.8-2006.10

■Klarheit
completion: 2008.4
assistants: Toru Kudo,
　　Yukiko Yamamoto
structural engineer:
　　EJIRI STRUCTURAL ENGINEERS
mechanical engineer: DAN Consultants
landscape gardener: SOY PLAN
location: Setagaya, Tokyo
use: shop, apartment
number of stories: 5 above ground,
　1 below
structure: reinforced concrete, partly
　steel frame
site area: 252.74 ㎡
building area: 185.03 ㎡
total floor area: 797.13 ㎡
design term: 2005.3-2007.3
building term: 2007.4-2008.4

■HOUSE IN KAMAKURA
completion: 2008.6

assistants: Mitsuyoshi Kato
structural engineer:
  EJIRI STRUCTURAL ENGINEERS
location: Kamakura, Kanagawa
use: house, studio
number of stories: 2
structure: reinforced concrete, wood
site area: 377.44 ㎡
building area: 87.89 ㎡
total floor area: 168.92 ㎡
design term: 2006.10-2007.12
building term: 2008.1-2008.6

■HOKUSAI MUSEUM IN SUMIDA
  competition
project: 2009.3
assistants: Kim Young Woo,
  Hiroko Hasama, Toru Kudo,
  Yukiko Yamamoto, Hitomi Uchida,
  Nao Morohashi
structural engineer:
  Structural Design Office PLUS ONE Inc.
mechanical engineer:
  SOGO CONSULTANTS
location: Sumida, Tokyo
use: art museum
number of stories: 5 above ground,
  1 below
structure: steel frame
site area: 1,263 ㎡
building area: 720 ㎡
total floor area: 3,683 ㎡
design term: 2009.1-2009.3

■dada house
completion: 2009.8
assistants: Minako Kitagawa,
  Shimpei Yamashita
structural engineer:
  EJIRI STRUCTURAL ENGINEERS
location: Nishitokyo, Tokyo
use: house
number of stories: 2
structure: wood
site area: 154.30 ㎡
building area: 52.99 ㎡
total floor area: 101.49 ㎡
design term: 2008.3-2009.1
building term: 2009.2-2009.8

■YUTENJI APARTMENTS
completion: 2010.7
award: Annual Architectural Design
  Commendation of AIJ
assistants: Hiroko Hasama,
  Mariko Hama, Kim Young Woo,
  Shimpei Yamashita
structural engineer:
  Structural Design Office PLUS ONE Inc.
mechanical engineer: DAN Consultants
location: Meguro, Tokyo

use: apartment
number of stories: 4 above ground,
  1 below
structure: reinforced concrete
site area: 1,306.28 ㎡
building area: 648.96 ㎡
total floor area: 2,751.40 ㎡
design term: 2006.11-2007.12
building term: 2007.12-2010.7

■TOKYO METABOLIZING 2010
-12th International Architecture
Exhibition, Venice Biennale, Japan
Pavilion-
assistants: Hiroko Hasama,
  Nao Morohashi
location: Giardini, Venice, Italy
term: 2010.8.29-11.21
design proposal: 2009.7-2009.10
preparation term: 2009.10-2010.8

■"house inside city outside house
  Tokyo Metabolizing" exhibition
term: 2011.7.16-10.2
assistants: Hiroko Hasama,
  Shimpei Yamashita
place: Tokyo Opera City Art Gallery
preparation term: 2010.11-2011.7

■OTM
completion: 2010.11
assistants: Mitsuyoshi Kato, Toru Kudo,
  Kim Young Woo
structural engineer:
  Kanebako Structural Engineers
mechanical engineer: DAN Consultants
location: Minato, Tokyo
use: shop, apartment
number of stories: 8 above ground,
  1 below
structure: steel framed reinforced
  concrete, partly steel frame
site area: 82.14 ㎡
building area: 70.72 ㎡
total floor area: 477.30 ㎡
design term: 2007.3-2009.7
building term: 2009.8-2010.11

■TOKYO URBAN RING
  -MACHIYA PROJECT-
assistants: Hiroko Hasama, Y-GSA
"TOKYO 2050//12 VISIONS FOR THE
METROPOLIS" exhibition (term:
2011.9.24-10.2, place: Marubiru Hall)
design term: 2011.8-2011.10

■HONMACHI APARTMENTS
completion: 2011.6
assistants: Kim Young Woo
structural engineer:
  EJIRI STRUCTURAL ENGINEERS

mechanical engineer: Sou Consultants
location: Shibuya, Tokyo
use: apartment, office
number of stories: 3 above ground,
  1 below
structure: reinforced concrete, steel frame
site area: 93.38 ㎡
building area: 64.99 ㎡
total floor area: 194.26 ㎡
design term: 2009.10-2010.12
building term: 2010.12-2011.6

■RENOVATION PROJECT IN
  KAMAKURA
completion: 2012.2
assistants: Nao Morohashi
structural engineer:
  EJIRI STRUCTURAL ENGINEERS
mechanical engineer: DAN Consultants
location: Kamakura, Kanagawa
use: apartment
number of stories: 2
structure: wood
site area: 559.22 ㎡
building area: 71.74 ㎡
total floor area: 138.35 ㎡
design term: 2010.12-2011.9
building term: 2011.10-2012.2

■GALA HOUSE
completion: 2012.7
assistants: Kim Young Woo, Toru Kudo
structural engineer:
  EJIRI STRUCTURAL ENGINEERS
mechanical engineer: DAN Consultants
location: Suginami, Tokyo
use: house
number of stories: 2 above ground,
  1 below
structure: reinforced concrete
site area: 88.57 ㎡
building area: 35.26 ㎡
total floor area: 70.46 ㎡
design term: 2011.4-2011.9
building term: 2011.10-2012.7

■POST-DISASTER PUBLIC HOUSING IN
  KAMAISHI CITY competition
project: 2012.11
assistants: Toru Kudo, Hiroko Hasama,
  Shimpei Yamashita, Hitomi Uchida,
  Nao Morohashi, Naoko Okada
structural engineer:
  Structural Design Office PLUS ONE Inc.
mechanical engineer:
  ZO Consulting Engineers
location: Kamaishi, Iwate
use: apartment, meeting place,
  kindergarten
number of stories: 2 above ground,
  1 below

structure: precast, pre-stressed
  concrete
site area: 3,521 ㎡
total floor area: 4,150 ㎡
design term: 2012.10-2012.11

■HOUSE IN TSUJIDO
completion: 2014.2
assistants: Nao Morohashi
structural engineer:
  Structural Design Office PLUS ONE Inc.
mechanical engineer:
  ZO Consulting Engineers
location: Fujisawa, Kanagawa
use: house
number of stories: 2
structure: reinforced concrete, wood
site area: 583.86 ㎡
building area: 252.38 ㎡
total floor area: 266.52 ㎡
design term: 2012.6-2013.6
building term: 2013.6-2014.2

■MONNAKA PROJECT
completion: 2016.2 (tentative)
assistants: Toru Kudo, Hiroko Hasama
cooperative architects: mihadesign
  (Naoto Mitsumoto+Naoko Hamana)
structural engineer:
  Structural Design Office PLUS ONE Inc.
mechanical engineer:
  ZO Consulting Engineers
location: Koto, Tokyo
use: shop, apartment
number of stories: 10 above ground,
  1 below
structure: reinforced concrete,
  steel frame
site area: 653.78 ㎡
building area: 504.64 ㎡
total floor area: 3,964.31 ㎡
design term: 2013.3-

architecture WORKSHOP Chronology (1995-)

1995	F3 HOUSE	2006	Q-AX	1995	F3 HOUSE	2005	MISHUKU APARTMENTS
	ACOUSTIC AQUARIUM (unbuilt)		洗足の連結住棟		ACOUSTIC AQUARIUM (unbuilt)		HOUSE IN MARUYAMA-CHO
1996	HOUSE IN HOUSE		古淵の貸家付住宅	1996	HOUSE IN HOUSE		FACADE RENOVATION IN SHIBUYA STATION SQUARE
	国立国会図書館関西館コンペ		ヌーヴェル赤羽台2号棟(A街区) (共同設計：ワークステーション・設計組織ADH)		KANSAI NATIONAL LIBRARY competition	2006	Q-AX
	白石市立白石第二小学校 (共同設計：芦原太郎建築事務所)		HONG KONG DESIGN INSTITUTE competition		SHIROISHI MUNICIPAL NO.2 ELEMENTARY SCHOOL (Co : Taro Ashihara Architects)		G-FLAT
	Q-FRONT (concept design)	2008	Glasfall		Q-FRONT (concept design)		KOBUCHI APARTMENTHOUSE
1997	LIME HOUSE		Klarheit	1997	LIME HOUSE		AKABANEDAI HOUSING (Co : WORKSTATION・ADH)
	RYOKAN 浦島		鎌倉のスタジオ付住居		RYOKAN URASHIMA		HONG KONG DESIGN INSTITUTE competition
	AGRI- HOUSING (unbuilt)	2009	墨田区北斎館設計競技案		AGRI- HOUSING (unbuilt)	2008	Glasfall
1998	SECONDHOUSE PROJECT (unbuilt)		集合住宅SK	1998	SECONDHOUSE PROJECT (unbuilt)		Klarheit
	COMMON WALL (unbuilt)		dada house		COMMON WALL (unbuilt)		HOUSE IN KAMAKURA
	CRANES FACTORY	2010	祐天寺の連結住棟		CRANES FACTORY	2009	HOKUSAI MUSEUM IN SUMIDA competition
	伊豆のナインスクエア		clover house		NINE SQUARES		APARTMENT SK
1999	白石市営鷹巣住宅		ヴェネチア・ビエンナーレ第12回 国際建築展日本館 "TOKYO METABOLIZING"	1999	TAKANOSU PUBLIC HOUSING		dada house
	S-HOUSE				S-HOUSE	2010	YUTENJI APARTMENTS
	Z-HOUSE		OTM		Z-HOUSE		clover house
	PLANE+HOUSE	2011	本町アパートメント		PLANE+HOUSE		12th International Architecture Exhibition, Venice Biennale, Japan Pavilion "TOKYO METABOLIZING"
2000	OMNI QUARTER		ヴェネチア・ビエンナーレ帰国展 "家の外の都市の中の家"	2000	OMNI QUARTER		
	都立T高校 (unbuilt)		東京2050 //12の都市のビジョン展 「TOKYO URBAN RING 町屋プロジェクト」※Y-GSA		TOKYO T-HIGH SCHOOL (unbuilt)		OTM
	六本木一丁目駅出入口No.3				ROPPONGI 1 CHOME STATION EXIT No.3	2011	HONMACHI APARTMENTS
	T・N-HOUSE	2012	四谷の集合住宅		T・N-HOUSE		"house inside city outside house -Tokyo Metabolizing-"
2001	サンフランシスコの家 (unbuilt)		鎌倉のリノベーション/音楽ホール付シェアハウス	2001	HOUSE IN SAN FRANCISCO (unbuilt)		TOKYO 2050 // 12 VISIONS FOR THE METROPOLIS exhibition "TOKYO URBAN RING - MACHIYA PROJECT" ※Y-GSA
	CN-HOUSE		GALA HOUSE		CN-HOUSE		
	R-Renovation		釜石市災害復興公営住宅設計協議案		R-Renovation		
	パチンコ店舗プロトタイプ	2013	八潮の住宅		PACHINKO PARLOR PROTOTYPE	2012	YOTSUYA APARTMENTS
2002	下馬の連続住居	2014	辻堂の住宅	2002	SHIMOUMA TOWNHOUSE		RENOVATION PROJECT IN KAMAKURA
	東京タワーリノベーション		新竹東山段プロジェクト		TOKYO TOWER RENOVATION		GALA HOUSE
	公立刈田綜合病院 (共同設計：芦原太郎建築事務所・堀池秀人アトリエ)	2016	モンナカプロジェクト		KATTA PUBLIC GENERAL HOSPITAL (Co : Taro Ashihara Architects・Hideto Horiike+Associates)		POST-DISASTER PUBLIC HOUSING IN KAMAISHI CITY competition
	飯田橋の集合住宅				IIDABASHI APARTMENTS	2013	HOUSE IN YASHIO
	T.C. (La Chiara 表参道)				T.C. (La Chiara OMOTESANDO)	2014	HOUSE IN TSUJIDO
	住宅K				K-HOUSE		HSINCHU PROJECT [TAIWAN]
2003	北京第三大使官区設計競技案 (共同設計：山本理顕設計工場)			2003	BEIJING HOUSING COMPLEX competition (Co: Riken Yamamoto & FIELD SHOP)	2016	MONNAKA PROJECT
	住宅TxT				TxT HOUSE		
	下馬の4軒長屋				SHIMOUMA 4 HOUSES		
	船橋のミニ戸建て開発A・B棟				FUNABASHI HOUSING DEVELOPMENT A/B		
2004	住宅M			2004	M-HOUSE		
	集合住宅20K				20K APARTMENTS		
	田の字のハコ				2x2 GRIDS		
2005	三宿の集合住宅						
	円山町のアトリエ付住居						
	渋谷駅前ビルファサードリノベーション						

北山 恒

1950	香川県生まれ
1976	横浜国立大学工学部建築学科卒業
1978	ワークショップ設立（共同主宰）
1980	横浜国立大学大学院修士課程修了
1987	横浜国立大学専任講師
1995–2001	横浜国立大学助教授
1995	architecture WORKSHOP 設立主宰
2001–2007	横浜国立大学教授
2007–	横浜国立大学大学院Y-GSA教授

Koh Kitayama

1950	Born in Kagawa, Japan
1976	Graduated from Yokohama National University
1978	Established "WORKSHOP" architectural studio with two other people
1980	Completed a post-graduate course at Yokohama National University
1987	Assistant Professor at Yokohama National University
1995–2001	Associate Professor at Yokohama National University
1995	Established architecture WORKSHOP
2001–2007	Professor at Yokohama National University
2007–	Professor at Yokohama National University, Y-GSA (Yokohama Graduate School of Architecture)

architecture WORKSHOP

北山 恒	Koh Kitayama
工藤 徹	Toru Kudo
挾間 裕子	Hiroko Hasama
山下 真平	Shimpei Yamashita
内田 仁美	Hitomi Uchida
諸橋 奈緒	Nao Morohashi
岡田 尚子	Naoko Okada

旧所員　(2003-2013年在籍)

上田 克英	Katsuhide Ueda
江向 映	Akira Emukai
濱名 直子	Naoko Hamana
小林由里恵	Yurie Kobayashi
加藤 光剛	Mitsuyoshi Kato
浜 真理子	Mariko Hama
金 栄宇	Kim Young Woo
渡邉 真弓	Mayumi Watanabe
山本 恭子	Yukiko Yamamoto
利光 収	Osamu Toshimitsu
北川美菜子	Minako Kitagawa

主な受賞

1997	建築学会東北建築賞作品賞，建築業協会賞(BCS賞) [白石市立白石第二小学校]*
1998	日本建築学会作品選奨 [白石市立白石第二小学校]*
2003	医療福祉建築賞 [公立刈田綜合病院]*
2004	日本建築学会作品選奨，東北建築賞 [公立刈田綜合病院]*
2005	千葉県建築文化奨励賞 [船橋のミニ戸建て開発A・B棟]
2006	日本建築家協会賞 [公立刈田綜合病院]*
2010	日本建築学会賞，日本建築家協会賞 [洗足の連結住棟]
2011	アルカシア賞ゴールドメダル [洗足の連結住棟]
2012	日本建築学会作品選奨 [祐天寺の連結住棟]

* 共同設計作品

Awards

1997	Tohoku District Architecture Award, BCS Award [SHIROISHI MUNICIPAL NO.2 ELEMENTARY SCHOOL]*
1998	Annual Architectural Design Commendation of AIJ [SHIROISHI MUNICIPAL NO.2 ELEMENTARY SCHOOL]*
2003	Healthcare Architecture Award [KATTA PUBLIC GENERAL HOSPITAL]*
2004	Annual Architectural Design Commendation of AIJ, Tohoku District Architecture Award [KATTA PUBLIC GENERAL HOSPITAL]*
2005	Chiba Prefecture Architectural Award [FUNABASHI MINI HOUSING DEVELOPMENT A/B]
2006	Japan Institute of Architects Award [KATTA PUBLIC GENERAL HOSPITAL]*
2010	The Prize of AIJ 2010/Architectural Design Division, Japan Institute of Architects Award [G-FLAT]
2011	ARCASIA Award for Architecture /gold medal [G-FLAT]
2012	Annual Architectural Design Commendation of AIJ [YUTENJI APARTMENTS]

* collaborative design work

クレジット　Credits

写真　Photos

AndreaSarti/CAST1466
(提供：国際交流基金 provided by JAPAN FOUNDATION)
cover,118-119,121[upper],124[middle left][lower right]

阿野太一　Daici Ano
8-9,10-11,12,17,25,26,28-29,31,32,33,34,36[upper],
37,38,40,41,42-43,44-45,46-47,48,49,50,51,52,
53[lower],56,57,58,59,62,66,67,70,71,73,74,76-77,
84,85,86,88,89,90,91,92,93,94,100,101,103,104,
105,109,112,113,114,128,129,136,137,139,146,148,
149

architecture WORKSHOP
14,15,18-19,23,24,27,36[lower],53[upper],54-55,
61,64,78,106-107,120,121[lower],124[upper][middle right][lower left],125,126-127,142,144,145,150-151

新建築社 写真部 Shinkenchiku-sha
140-141

外立正 Tadashi Hashidate
75,111

高木康広 Yasuhiro Takagi
156,157

関康子 Yasuko Seki
116-117

Y-GSA
132,133

ゆかい YUKAI
167

[動画制作]
岡本彰生+小林タダフミ(キャベッジ・ネット)
Video images produced by Akio Okamoto
+ Tadafumi Kobayashi (cabbage-net)
80-81

英訳　English Translation

Christopher Stephens
122-123,126

Thomas Daniell
11,19,24,30,35,41,52,57,67,71,78-83,85,93,98,101,
109,129,137,143,147

渡辺洋 Hiroshi Watanabe
4-7,133,153,157,159,160-161

初出　Original Publication

122-123 『TOKYO METABOLIZING』結び
(TOTO出版2010年)
"TOKYO METABOLIZING" Conclusion
(TOTO Publishing, 2010)

126 『家の外の都市の中の家』展　会場配布ハンドブック
(東京オペラシティアートギャラリー 2011年)
"house inside city outside house Tokyo
Metabolizing" exhibition handbook
(Tokyo Opera City Art Gallery, 2011)

北山 恒の建築空間
in-between

発行日　2014年4月8日　初版第1刷
著者　北山 恒
編集　挾間裕子(architecture WORKSHOP)
編集協力　関 康子
ブックデザイン　外立 正,吉田素子(浅見デザイン事務所)

発行者　久保田啓子
発行元　株式会社ADP｜Art Design Publishing
〒165-0024 東京都中野区松が丘2-14-12
tel:03-5942-6011　fax:03-5942-6015
http://www.ad-publish.com
郵便振替　00160-2-355359

印刷・製本　株式会社山田写真製版所

ⓒ Koh Kitayama 2014
Printed in Japan
ISBN978-4-903348-40-7 C3052

本書の無断複写(コピー)は著作権上の例外を除き、禁じられています。

Koh Kitayama Architectural Works
in-between

Date of Publication　First Printing / April 8, 2014
Author　Koh Kitayama
Editing　Hiroko Hasama(architecture WORKSHOP)
Editorial Collaboration　Yasuko Seki
Book Design　Tadashi Hashidate, Motoko Yoshida (Asami Design)

Publisher　Keiko Kubota
Publishing House　ADP Company (Art Design Publishing Company)
2-14-12 Matsugaoka, Nakano-ku, Tokyo 165-0024 Japan
Phone +81-3-5942-6011　Fax +81-3-5942-6015
http://www.ad-publish.com

Printing & Binding　Yamada Photo Process Co., Ltd.

ⓒ Koh Kitayama 2014
Printed in Japan
ISBN978-4-903348-40-7 C3052

All right reserved. No part of this publication may be reproduced or transmitted in any form or by any means, electric or mechanical, including photocopy, or any other information storage and retrieval system, without prior permission in writing from the ADP Company.